G

6757

TABLEAU HISTORIQUE

DES DIFFÉRENS PEUPLES

QUI ONT EU LE PLUS DE RAPPORTS AVEC LA FRANCE,

DEPUIS CLOVIS

JUSQU'A LA RÉVOLUTION DE 1793.

PARIS. IMPRIMERIE DE MOQUET ET C⁰,

RUE DE LA HARPE, N° 90.

TABLEAU HISTORIQUE

DES

DIFFÉRENS PEUPLES

Qui ont eu le plus de rapports avec la France,

DEPUIS CLOVIS

JUSQU'A LA RÉVOLUTION DE 1793,

Par une Dame Institutrice

DES SUCCURSALES DE LA LÉGION-D'HONNEUR.

PARIS.

CHEZ L'AUTEUR, RUE DE PICPUS, N° 23.

1834

AUX ÉLÈVES

DE

LA CEINTURE BLANCHE.

C'est pour vous seules, mes enfans, que je viens de livrer à l'impression cette méthode d'histoire, ou chronologie développée. Depuis huit ans, je m'en suis servie en manuscrit, pour instruire celles de vos compagnes qui vous ont précédées ici, dans la connaissance absolument nécessaire des différens rapports que les rois de notre nation ont eus avec les souverains de l'Europe. Ces huit années m'ont convaincue que ma méthode était bonne, puisqu'elle a mis les élèves qui l'ont étudiée à même de répondre aux questions les plus difficiles sur l'histoire générale : je dis l'histoire générale, car vous n'y trouverez qu'un abrégé de celle de chaque nation de l'Europe ; et si vous n'avez, dans les premières années consacrées à votre éducation, étudié les différentes histoires que j'y retrace en abrégé, vous n'y puiserez que des notions confuses, qui embarrasseront votre mémoire sans remplir notre véritable but.

Ce ne sera donc que lorsque vous connaîtrez à fond l'histoire de France, celle d'Orient, d'Allemagne, d'Angleterre, et que vous aurez appris par cœur très long-temps l'abrégé chronologique qui est en tête de l'ouvrage, que vous pourrez jeter avec avantage les yeux sur cette chronologie développée, ainsi que vous le feriez sur un tableau, où tous les princes dont vous y verriez les noms seraient peints chacun à son rang, ayant en tête un des rois de France.

On a écrit bien des chronologies ; mais chaque personne n'y trouvait de place que celle qu'occupait son nom, et la mémoire retient difficilement les noms. J'ai plus d'une fois en-

a

tendu dire à mes élèves : «J'apprendrais bien mieux la chronologie, si l'on y joignait quelques
» faits !.... »

La réclamation m'a paru juste ; et après avoir consulté l'atlas de Lesage, puis un des
meilleurs dictionnaires modernes, j'ai développé la chronologie du président Hainaut, que
j'ai entièrement transcrite en tête de cet ouvrage, sauf quelques points de l'histoire du
moyen-âge, où mes trois guides n'étaient pas toujours d'accord. D'après cela vous jugerez
bien que je ne prétends pas au titre d'historien, que je n'ai pas même écrit une histoire ;
mais seulement que j'ai tracé une méthode d'histoire, que j'en ai même isolé avec soin les
raisonnemens judicieux et les réflexions qui en auraient fait un ouvrage trop compliqué.

Je ne commence à traiter de l'Espagne que vers l'époque où ses relations avec la France
en font une histoire intéressante. Ce n'est aussi que du moment où la Prusse forme un
royaume particulier qu'elle trouve place dans une sixième colonne de notre ouvrage.
L'histoire de Russie, très obscure dans les commencemens, mais offrant depuis Pierre Ier
des détails qui, par leurs liaisons avec les différens peuples de l'Europe méritent votre attention, occupe aussi un rang dans notre chronologie.

Je n'ai rien dit de l'histoire du Bas-Empire avant l'empereur Zénon, parce que ce qui
précède est antérieur à Clovis, et que vous avez d'ailleurs parcouru l'histoire du Bas-Empire avant d'étudier le tableau chronologique.

J'ai tâché enfin, tout en n'omettant rien de ce qui peut contribuer à perfectionner vos
connaissances sur l'histoire universelle de l'Europe, de contribuer aussi à votre satisfaction ; car je vous mets à même de connaître, non quelques faits amusans et détachés de
l'histoire, non partiellement l'histoire d'une ou de deux nations, mais celle de tous les
peuples du continent ; et cette connaissance solide vous procurera dans le monde des jouis-
sances réelles. C'est vers ce but que j'ai dirigé mon travail ; c'est vers ce but aussi que se
dirigent chaque jour les soins assidus que prennent de votre éducation celles qui coopèrent
avec moi, et plus que moi peut-être, à assurer votre bonheur, et que vous considérez à si
juste titre comme vos secondes mères.

TABLEAU ABRÉGÉ

OU

ESQUISSE DE TOUT L'OUVRAGE.

PREMIÈRE RACE.

	ROIS ET REINES DE FRANCE.	EMPEREURS.	ROIS OSTROGOTHS EN ITALIE.
481	Clovis I. — Sainte Clotilde.	Zénon, Anastase.	Odoacre, Théodoric.
511	Clotaire I, fils de Clovis. — Audovère.	Anastase.	Théodoric, Athalaric.
562	Chilpéric I, fils de Clotaire. — Galsuinte, Frédégonde.	Justin I, Justinien I.	Athalaric, Théodat, Totila, Vitigès Theias, rois Lombards appelés par Narsès.
584	Clotaire II, fils de Chilpéric. — Bertrude.	Justin II, Tibère. Maurice. Phocas.	Albouin. Albouin, Cleph. Agiluphe.
628	Dagobert I, fils de Clotaire II. — Nanthilde.	Héraclius, Constant II.	Rotharis.
658	Clovis II, fils de Dagobert I. — Sainte Bathilde.	Constantin IV Pogonat.	Rotharis, Aribert.
666	Childéric II, fils de Clovis II. — Bilihilde.	Justinien II.	Grimoald, Pertharit.
685	Thierry III, fils de Clovis II.	Justinien II.	Pertharit, Cunibert.
692	Clovis III, fils de Thierry III.	Justinien II.	Ansprand.
705	Childebert III, fils de Thierry III.	Justinien II.	Luitprand.
711	Dagobert III, fils de Childebert III.	Justinien II.	Luitprand.
716	Chilpéric II, fils de Childéric II.	Léon l'Isaurien.	Luitprand.
725	Thierry IV, fils de Dagobert III.	Léon l'Isaurien.	Luitprand.
742	Childéric III, fils de Chilpéric II.	Constantin V Copronyme.	Astolphe s'empare de l'exarchat.

TABLEAU GÉNÉRAL

SECONDE RACE.

	FRANCE.	ORIENT.	ANGLETERRE.	ALLEMAGNE.
				ROIS LOMBARDS.
750	Pépin, fils de Charles-Martel. — Berthe.	Constantin V.	Heptarchie.	Astolphe Didier.
768	Charlemagne. — Himiltrude, Hermangarde, Hildegarde, Fastrade, Lutgarde.	Constantin V, Léon IV, Constantin VI, Copronyme, Irène, Nicéphore. A ce prince commence l'empire Grec appelé Bas-Empire. Michel-Caropalate, Léon l'Arménien.	Heptarchie.	Didier.
814	Louis I le Débonnaire, fils de Charlemagne. — Hermangarde, Judith.	Léon l'Arménien, Michel II le Bègue, Théophile.	Egbert, en lui finit l'heptarchie.	La maison de Charlemagne occupe le trône jusqu'à Conrad de Franconie. Deuxième empire d'Occident. ALLEMAGNE.
840	Charles-le-Chauve, fils de Louis I. — Hermantrude, Richilde.	Théophile, Michel III l'Ivrogne, Bazile I.	Ethelwolf, Ethelbert.	Lothaire, Louis II, Charles-le-Chauve.
877	Louis II, le-Bègue, fils de Charles-le-Chauve. — Ansgarde, Adélaïde.	Basile I, Léon VI.	Ethelbert.	Louis II, Carloman.
879	Louis III, et Carloman, fils de Louis II.	Basile I, Léon VI.	Ethelred I.	Carloman, Charles-le-Gros.
884	Charles-le-Gros oncle de Charles-le-Simple et fils de Louis-le-Germanique. — Richarde.	Basile I, Léon VI.	Alfred.	Charles-le-Gros, Arnoul, Louis IV.
888	Eudes, comte de Paris.	Léon VI, Alexandre Constantin VII.	Alfred.	Louis IV, dernier empereur français.
899	Charles-le-Simple, fils de Louis-le-Bègue. — Fréderune, Ogive.	Constantin VII, Romain Lecapène associé.	Alfred, Edouard l'Ancien.	Conrad I.
929				
936	Raoul.	Romain Lecapène.	Adelstan.	Henri I.
	Louis IV d'Outremer, fils de Charles-le-Simple. — Gerberge.	Constantin VII règne seul.	Edred.	Othon I.
954				
	Lothaire, fils de Louis d'Outremer. — Emme.	Romain II le jeune,	Edred, Edgar.	Othon I.
986	Louis V, fils de Lothaire. — Blanche.	Basile II, Constantin VIII, Nicéphore II, et Zimiscès, associés à l'empire.	Edouard le Martyr.	Othon III le Sanguinaire.

TROISIÈME RACE.

	FRANCE.	ORIENT.	ANGLETERRE.	ALLEMAGNE.
987	Hugues Capet — Adélaïde.	Basile II, Constantin VIII règnent seuls.	Ethelred.	Othon III.
996	Robert, fils de Hugues Capet.—Berthe, Constance.	Constantin VIII, Romain, Argire.	Edmond Côte-de-Fer.	Othon III, Henri-lefBoiteux.
1031	Henri I, fils de Robert, — Mathilde, Anne.	Romain, Argire, Michel IV, Michel V, Zoé, Théodora, Constantin IX, Michel VI, Isaac Comnène, Constantiu, Ducas.	Canut le Grand, Harold, Hardi, Canut, saint Edouard.	Conrad II, Henri III, Henri IV.
1060	Philippe I, fils de Henri I, — Bertrade, Berthe.	Constantin, Ducas, Romain, Diogène, Michel VII, déposé.	Saint Edouard, Harold, Guillaume 1, Guillaume le Roux.	Henri IV, Henri V.
1108	Louis VI, fils de Philippe I. — Adelaïde de Savoie.	Alexis Comnène, Jean Comnène.	Henri I, Étienne de Blois,	Henri V, Lothaire II.
1137	Louis VII, fils de Louis VI. — Eléonore de Savoie, Constance, Alix.	Manuel Comnène, Jean Comnène.	Etienne de Blois, Henri II,	Lothaire II, Conrad III, Frédéric I.
1180	Philippe II, Auguste, fils de Louis VII. — Isabelle', Ingerburge, Agnès de Méranie.	Alexis II, Comnène, Andronic 1, Isaac l'Ange, Alexis III, Alexis IV, Murzuphe. EMPIRE LATIN. Baudouin, Henri, Pierre de Courtenay, Robert de Courtenay.	Henri II, Richard I, Jean sans-Terre, Henri III.	Frédéric I, Henri VI, Philippe, Othon IV, Frédéric II.
1223	Louis VIII, fils de Philippe-Auguste.—Blanche de Castille.	Robert de Courtenay.	Henri III.	Frédéric II.
1226	Louis IX, fils de Louis VIII, Marguerite de Provence.	Robert de Courtenay, Baudoin II. EMPIRE GREC rétabli. Michel Paléologue.	Henri III.	Frédéric II, Conrad IV.
1270	Philippe III le Hardi, fils de Saint-Louis. — Isabelle d'Arragon, Marie de Brabant.	Michel Paléologue, Andronic II.	Henri III, Edouard I.	Conrad IV, Rodolphe I, Adolphe de Nassau, Albert I, Henri de Luxembourg.
1285	Philippe IV, le Bel, fils de Philippe le Hardi. —Jeanne de Navarre.	Andronic II,	Edouard I, Edouard II.	Rodolphe I, Adolphe de Nassau, Albert I.
1314	Louis X, le Hutin, fils de Philippe IV. — Marguerite de Bourgogne, Clémence de Hongrie.	Andronic II.	Edouard II.	Louis V de Bavière.

Suite de la Troisième Race.

	FRANCE.	ORIENT.	ANGLETERRE.	ALLEMAGNE.
1316	Philippe V le Long, fils de Philippe IV. — Jeanne de Bourgogne.	Andronic II.	Édouard II.	Louis V.
1322	Charles IV le Bel, fils de Philippe le Bel.—Blanche, fille de Otbon IV, Marie de Luxembourg, Jeanne d'Évreux.	Andronic II.	Édouard II, Édouard III,	Louis V.
1328	Philippe VI, fils de Charles de Valois, frère de Philippe IV.—Jeanne, Blanche d'Evreux.	Andronic II, Andronic le jeune, Jean Cantacuzène.	Édouard III.	Louis V, Charles IV.
1350	Jean II le Bon, fils de Philippe VI. — Bonne deLuxembourg,Jeanne de la Tour d'Auvergne.	Jean Paléologue, Jean Cantacuzène.	Édouard III.	Charles IV.
1364	Charles V, fils de Jean II. —Jeanne de Bourbon.	Jean Paléologue.	Édouard III, Richard II.	Charles IV, Winceslas.
1380	Charles VI, fils de Charles V. — Isabelle de Bavière.	Jean Paléologue, Manuel II, Jean II Paléologue.	Richard II, Henri IV, Henri V.	Winceslas, Robert Sigismond.
1422	Charles VII, fils de Charles VI. — Marie d'Anjou.	Constantin Dragosès.Maison Ottomane, Mahomet II.	Henri VI, détrôné. La maison d'York remplace celle de Lancastre.	Sigismond, Albert, Frédéric III.

L'Histoire d'Espagne que nous commençons sous le règne de Louis XI, nous oblige à ajouter une cinquième colonne.

	FRANCE.	ORIENT.	ANGLETERRE.	ALLEMAGNE.	ESPAGNE.
1462	Louis XI, fils de Charles VII. — Marguerite d'Écosse, Charlotte de Savoie.	Maison Ottomane. Mahomet II.	Edouard IV, duc d'York, Edouard V.	Frédéric III.	Ferdinand V. — Isabelle.
1483	Charles VIII, fils de Louis IX.— Marguerite d'Autriche, Anne de Bretagne.	Bajazet II.	Richard III, Henry VII, il réunit par son mariage les deux maisons.	Frédéric III.	Ferdinand V. — Isabelle.

Suite de la Troisième Race.

	FRANCE.	ORIENT.	ANGLETERRE.	ALLEMAGNE.	ESPAGNE.
1498	Louis XII, duc d'Orléans, arrière-petit-fils de Charles V. — Jeanne, Anne de Bretagne, Marie d'Angleterre.	Sélim I.	Henri VII, Henri VIII.	Maximilien I.	Ferdinand V.—Isabelle.
1515	François I, comte d'Angoulême, issu de Charles V. — Claude de France, Eléonore.	Selim I, Soliman II.	Henri VIII.	Maximilien I, Charles-Quint. Division de la ligne Autrichienne, en Espagnole et Allemande	Ferdinand V, Charles V.
1547	Henri II, fils de François I.—Catherine de Médicis.	Soliman II.	Henri VIII, Edouard VI, Marie, Elisabeth.	Charles - Quint, Ferdinand I.	Charles-Quint, Philippe II.
1559	François II, fils de Henri II. — Marie Stuart.	Soliman II.	Elisabeth.	Ferdinand.	Philippe II.
1560	Charles IX, fils de Henri II.—Elisabeth d'Autriche.	Soliman II, Sélim II	Elisabeth.	Ferdinand, Maximilien II.	Phllippe II.
1574	Henri III, fils de Henri II.—Louise de Lorraine.	Amurat III.	Elisabeth.	Maximilien II, Rodolphe II.	Philippe II.

BRANCHE DES BOURBONS.

	FRANCE.	ORIENT.	ANGLETERRE.	ALLEMAGNE.	ESPAGNE.
1589	Henri IV, descendant de Robert, 6e fils de saint Louis, et fils d'Antoine de Bourbon, roi de Navarre. —Marguerite de Valois, Marie de Médicis.	Amurat III, Mahomet III, Achmet I.	Elisabeth, Jacques VI d'Ecosse, Ier du nom en Angleterre.	Rodolphe II.	Philippe II, Philippe III.
1610	Louis XIII, fils de Henri IV.—Anne d'Autriche.	Achmet I, Mustapha I, Osman II, Amurat IV, Ibrahim.	Jacques I, Charles I.	Rodolphe II, Matthias, Ferdinand II, Ferdinand III.	Philippe III, Philippe IV.

Suite de la Troisième Race.

	FRANCE.	ORIENT.	ANGLET.	ALLEM.	ESPAGNE.	PRUSSE.	RUSSIE.
1643	Louis XIV, fils de LouisXIII. —Marie-Thérèse.	Ibrahim, Mahomet IV, Soliman III, Mustapha II.	Charles I, Charles II, Jacques II, Guillaume III, Anne Stuart, Georges I.	Ferdinand III, Léopold I, Joseph I, Charles VI).	Philippe IV, Charles II, Philippe V.	Frédéric I.	Pierre I, ou Pierre-le-Grand.
1715	Louis XV, arrière petit-fils de Louis XIV, fils du duc de Bourgogne, son petit-fils. — Marie Leizinska.	Achmet III, Mahomet V, Osman III, Mustapha III.	Georges I, Georges II, Georges III.	Charles VII, de Bavière, François-Etienne, Joseph II.	Philippe V, Ferdinand VI, Charles III.	Frédéric-Guillaume, Frédéric-le-Grand, ou Frédéric II.	Pierre I, Catherine, Pierre II, Anne, Ivan, Elisabeth, Pierre III.
1774	Louis XVI, fils du grand dauphin, et petit-fils de Louis XV. — Marie-Antoinette.	Abdul-Hamid, Selim III.	Georges III, Georges IV.	Léopold II, François II.	Charles III, Charles IV.	Frédéric-Guillaume II.	Catherine.

CLOVIS I, sainte CLOTILDE.

Nous dirons, d'après plusieurs historiens véridiques , que Clovis doit être regardé comme le premier roi de France , et que Clodion, Mérovée, Childéric, successivement chefs des Francs , ne firent que quelques courses dans les Gaules , et n'y conservèrent aucune de leurs conquêtes ; d'ailleurs les écrivains *contemporains* nous apprennent que le mot *Francia,* nom du pays où ils s'étaient établis, ne signifie pas la France telle qu'elle est aujourd'hui , mais la France au-delà des Gaules, c'est-à-dire la partie de la Germanie qui borde le Rhin. Clovis étendit donc le premier les limites de la partie des Gaules située alors entre la Somme, la Seine et l'Aisne. Syagrius , général des armées romaines , qui gouvernait cette portion de l'empire , éprouva sa valeur près de Soissons ; d'un autre côté , étendant ses conquêtes , Clovis défit les Allemands dans les plaines de Tolbiac , près de Cologne : la victoire qu'il y remporta , malgré l'infériorité du nombre de ses troupes , l'engagea à accomplir le vœu qu'il avait fait à Dieu d'embrasser la religion catholique , s'il demeurait vainqueur. Ayant ensuite tourné ses armes contre Alaric , roi des Visigoths , il le défit et le tua de sa propre main , dans les plaines de Vouillé.

La soumission des provinces qui s'étendent depuis la Loire jusqu'aux Pyrénées , le Poitou, la Saintonge, lui méritèrent l'admiration des princes qui régnaient alors ; et Anastase, empereur d'Orient, ne crut pas l'honorer au-dessus de son mérite , en lui envoyant les ornemens et les titres de patrice et de consul. Le nom de Clovis aurait paru grand aux siècles futurs, si des actes fréquens de cruauté n'eussent terni sa gloire : il en témoigna , dit-on , à la mort, un sincère repentir.

511.

CLOTAIRE I, fils de Clovis I, AUDOVÈRE.

Ce prince , quatrième fils de Clovis, se trouva seul maître de la monarchie, après la mort de ses trois frères, Thierry, Childebert et Clodomir. L'année qui précéda sa mort, il eut le chagrin de voir s'armer contre lui Cramne, l'un de ses fils ; l'ayant surpris dans une cabane avec toute sa famille, il y fit mettre le feu : le crime du fils était odieux, mais la punition ne le fut pas moins. Dieu , que Clotaire avait si horriblement outragé par le meurtre des enfans de Clodomir, permit sans doute que les derniers instans de la vie de ce prince barbare fussent abreuvés de la plus douloureuse amertume : aussi s'écria-t-il plusieurs fois, durant la maladie dont il mourut : « Qu'elle est redoutable la vengeance du roi du ciel , qui fait ainsi mourir les rois de la terre ! »

ZÉNON, ANASTASE.

Après la mort de Léon I, Anastase monta sur le trône d'Orient ; ce prince débauché et sans nulle bonne qualité, essaya de rendre la paix à l'empire, en composant un code appelé *Hénotique*. Étant tombé dans une attaque d'apoplexie, on le crut mort, etAriadne, sa femme, fit fermer le cercueil dans lequel on l'avait mis, quoiqu'on vît bien qu'il n'était qu'en léthargie.

ANASTASE I.

On l'appelle aussi le *Silenciaire*, parce qu'il faisait partie des officiers chargés de veiller à l'observation du silence dans le palais. Ariadne, veuve de Zénon, l'épousa ; elle reçut d'abord les félicitations de l'empire pour le choix qu'elle avait fait ; mais bientôt Anastase s'étant déclaré contre les catholiques, démentit la bonne opinion que chacun avait conçue de lui. Ce prince altier et arrogant avec les ecclésiastiques, fut de la dernière bassesse avec les ennemis de l'empire : il acheta d'eux la paix. Il mourut subitement, âgé de quatre-vingt-huit ans.

ODOACRE, THÉODORIC.

L'empire romain touchait à sa ruine quand les Hérules et les autres Barbares d'Occident choisirent pour chef Odoacre, qui venait de chasser le stupide Augustule. Cette révolution, qui mit fin à l'empire romain, arriva l'an 476.

Odoacre ne demeura pas long-temps maître de l'Italie ; Théodoric, après l'avoir assassiné, s'en fit déclarer roi.

Théodoric, fils naturel de Théodemir, second roi des Ostrogoths, rendit de grands services à l'empereur Zénon. Envoyé par ce prince en Italie, pour lui en conserver une portion, Théodoric s'en fit déclarer roi ; et, afin de s'affermir dans ses états, il épousa la sœur de Clovis. La cour du nouveau roi devint le centre de la politesse ; les lettres y furent cultivées avec succès, et l'on y voyait briller quelques rayons de cet âge d'or qu a rendu le siècle d'Auguste si mémorable. Mais pour le malheur de son peuple, Théodoric devint soupçonneux et avare. Un jour qu'on lui servait la tête d'un gros poisson, il crut que c'était celle de Symmaque, sénateur distingué, qu'il avait fait mourir. La frayeur que lui causa cette vue le fit expirer sur-le-champ.

511.

ANASTASE, JUSTIN I, JUSTINIEN.

Justin I, né d'un pauvre laboureur de la Thrace, parvint, quoiqu'il sût à peine lire, à s'asseoir sur le trône d'Orient, dont il se montra digne. Après avoir soulagé les pauvres par la diminution des impôts, il s'appliqua à rendre ses peuples heureux ; cependant le faux zèle qu'il déploya contre les hérétiques devint funeste à la religion. Théodoric, aigri contre ceux qui la professaient, les persécuta cruellement.

Justin mourut dans de grands sentimens de contrition.

JUSTINIEN I.

Quand ce prince monta sur le trône, l'empire grec, faible reste de la puissance romaine, ne fai-

THÉODORIC, ATHALARIC.

Amalazunthe, fille de Théodoric, était mère d'Athalaric : l'éducation qu'elle lui donna aurait dû faire de lui un grand roi ; mais laissé trop tôt à la disposition de maîtres moins habiles que n'avait été la régente, Athalaric ne tarda pas à déployer les vices dont tous les jours il recevait de si funestes leçons. Il mourut de débauches, à l'âge de quarante-et-un ans.

562.

CHILPÉRIC I, FILS DE CLOTAIRE I, GALSUINTHE FRÉDÉGONDE.

Après la mort de Clotaire I, Chilpéric régna sur le royaume de Soissons : les dissensions continuelles qui s'élevèrent entre Frédégonde et Brunehaut, sa rivale, occupèrent la plus grande partie de ce règne. Chilpéric, dominé par la passion qui lui avait fait unir sa destinée à celle de Frédégonde, commit toutes sortes de forfaits ; il alla jusqu'à sacrifier ses propres enfans à ce monstre de barbarie et d'impudicité. Landry, qui aimait Frédégonde, fut accusé d'avoir fait assassiner le roi, comme il revenait de la chasse. Grégoire de Tours appelle Chilpéric le Néron et l'Hérode de son temps.

584.

CLOTAIRE II, FILS DE CHILPÉRIC, BERTRUDE.

Ce prince, encore enfant, succéda à Chilpéric I, dans le royaume de Soissons. Frédégonde, sa mère, à qui les seigneurs avaient confié la régence, remporta sur Childebert, roi d'Austrasie, la fameuse bataille de *Braine;* cependant ses armes n'eurent pas le même succès contre Théodebert et Thierry. L'amour des lois, le zèle des canons lui ont mérité quelques éloges de la part des historiens qui ont bien voulu, en écrivant sa vie, oublier les actes de cruauté qui la ternirent.

sait que languir. Justinien le soutint et en étendit les bornes. Le fameux Bélisaire, à qui il donna le commandement de ses troupes, releva leur courage et fit rendre compte aux Barbares de ce qu'ils avaient enlevé aux Romains. Gélimer, roi des Vandales, vaincu, l'Afrique reconquise, les Goths subjugués furent le fruit des conquêtes du vaillant général. Justinien mit aussi de l'ordre dans les lois, qui se trouvaient pour lors, dans la confusion, et il chargea les plus habiles jurisconsultes d'en dresser un code. Attentif à tout, il fit élever de superbes édifices ; si ce prince n'eût pas vieilli sur le trône, il aurait mérité de grands éloges.

562.

JUSTINIEN I, JUSTIN II.

Incapable de porter le sceptre, esprit faible, lâche, cruel et voluptueux, ce prince se laissa gouverner par l'impératrice Sophie, son épouse. Altière et impérieuse envers Narsès, qui avait rendu les plus grands services à l'état, elle fut cause par ses railleries envers cet eunuque, qu'il appela les Lombards en Italie. Cette acte de vengeance fit perdre, sans retour, aux empereurs, ce qui leur restait de l'héritage de leurs ancêtres en Italie ; ce ne fut que sous Charlemagne que les Lombards en furent chassés.

ATHALARIC, THÉODAT, TOTILA, VITIGÈS, THÉIAS, ALBOUIN.

Ces rois Ostrogoths furent successivement défaits par les généraux de Justinien, et n'occupèrent le trône que peu d'instans. Narsès vainquit Théias dans les plaines de Lantagio, et mit fin à la domination de ces peuples en Italie ; alors s'y établirent les Lombards, que Narsès y appela, pour se venger de l'injure que lui avait faite l'impératrice Sophie. Albouin y régna le premier.

ROIS LOMBARDS EN ITALIE.

Albouin succéda à Narsès, sous le titre d'exarque, et prit, après la mort de celui-ci, le nom de roi : ses successeurs s'y maintinrent jusqu'au moment où Charlemagne vainquit Didier, leur dernier roi, l'an 800.

584.

JUSTIN II, TIBÈRE, MAURICE, PHOCAS.

Le mérite de Tibère causa son élévation : devenu maître de l'empire, il défit Hormidas, fils de Chosroès. L'impératrice Sophie ayant conspiré contre lui, il se contenta de punir les coupables, en les privant de leurs biens ; sa mort causa un véritable deuil dans Constantinople.

Maurice, gendre de Tibère, lui succéda. Il

CLEPH, AGILUPHE.

On ne sait rien de positif sur l'histoire de Cleph.

Agiluphe soumit toute l'Italie à son obéissance. Il avait été duc de Turin avant de monter sur le trône des rois Ostrogoths.

628.

DAGOBERT I, FILS DE CLOTAIRE II, NANTILDE.

Roi d'Austrasie, de Neustrie, de Bourgogne et d'Aquitaine, se signala contre les Esclavons, les Gascons et les Bretons. Sa passion pour les femmes ternit l'éclat de ses victoires, cependant quelques chroniques vantent ses bonnes qualités.

638.

CLOVIS II, FILS DE DAGOBERT I, SAINTE BATHILDE.

Ce prince, âgé de neuf ans, régna sous la tutelle de sa mère Nantilde. Ses historiens font un grand

combattit avec succès les Perses, et rétablit sur son trône Chosroés II. Les Arabes éprouvèrent aussi la valeur de ses armes; leur roi perfide fit passer au fil de l'épée tous les prisonniers qui étaient dans ses états. Phocas, qui de la plus vile condition était parvenu aux premières dignités, conspira contre Maurice et le fit périr avec toute sa famille.

Phocas parvenu au trône par le meurtre de Maurice et de ses cinq fils, ne s'y maintint que par la plus odieuse tyrannie. Le peuple lassé de ses vexations, se rangea du parti d'Héraclius, gouverneur d'Afrique qui lui fit éprouver le supplice par lequel ce tyran avait terminé les jours de Maurice et de ses enfans.

628.

HÉRACLIUS ET CONSTANT II.

Sous le règne d'Héraclius, successeur de Phocas, les Perses s'emparèrent de Jérusalem, où ils exercèrent les plus horribles cruautés; l'empereur ne put obtenir d'eux la paix, qu'à condition qu'il renonceraient, ainsi que ses sujets, au culte du vrai Dieu. Outré d'une pareille proposition, Héraclius marcha de nouveau contre Siroès, fils de Chosroès, qui lui rendit le bois de la vraie croix; de là l'origine de la fête que célèbrent l'Église grecque et la latine, le 14 septembre. La piété que fit paraître Héraclius, lui mérita l'estime et l'affection de ses sujets. Il mourut après un règne de trente ans.

Constant II se laissa gouverner par les monothélites, qui l'avaient élevé sur le trône à la place d'Héraclionas, son oncle. Irrité, sans sujet, contre Théodore son frère, Constant le fit massacrer; afin d'étouffer les remords de sa conscience, il passa en Italie. Mauvais prince partout, il ruina ses peuples et mourut assassin.

ROTHARIS.

Il donna, le premier, aux Lombards un code de lois, appelé *Lois lombardes :* elles devinrent célèbres dans l'Europe, par leur équité, leur clarté et leur précision.

638.

CONSTANTIN POGONAT ou BARBU.

Il était fils de Constantin II; sous son règne les

ROTHARIS ET ARIBERT.

Aribert succéda à Rotharis, les historiens n'ont

éloge de sa charité envers les pauvres ; dans un temps de disette il fit enlever les lames dont son père avait fait couvrir l'église de Saint-Denis , et en distribua le produit aux pauvres.

656.

CHILDÉRIC II , FILS DE CLOVIS II, BILIHILDE.

Ébroin , maire du palais , qui avait voulu mettre sur le trône Thierry frère du roi , fut renfermé dans un monastère. Tant que saint Léger, évêque d'Autun vécut, les peuples furent heureux, parce que le roi ne se conduisit que d'après ses conseils ; mais sa mort leur causa le plus vif chagrin. Les débauches et les cruautés de Childéric, le rendirent odieux à ses sujets. Un seigneur nommé Bodillon , qu'il avait fait battre de verges , l'assassina dans la forêt de Livry avec Bilihilde sa femme , et Dagobert leur fils, Daniel, leur autre fils, échappa au massacre.

683.

THIERRY III FILS DE CLOVIS II.

Ébroin , maire du palais, qui avait essayé de faire monter ce prince sur le trône au préjudice de Childéric II, et qui, pour prix de cet attentat, avait été renfermé ainsi que son prince dans un monastère, le gouverna tout-à-fait, quand à la mort de Childéric , il put l'y faire asseoir : plusieurs têtes illustres devinrent victimes de sa passion. Pépin, maître de l'Austrasie, lui déclara la guerre, et fut vaincu en Vermandois.

692.

CLOVIS III FILS DE THIERRY III.

Ce prince mourut à quatorze ans. Il avait régné sous la conduite de Pépin d'Héristal.

705.

CHILDEBERT III , FILS DE THIERRY III.

Il régna fort peu de temps. Ce fut Pépin qui gouverna à sa place.

Sarrazins s'emparèrent de Constantinople ; mais la valeur des Grecs, et plus encore l'activité du feu grégeois, firent pendant sept ans essuyer de continuels revers à ces Barbares. Constantin, après avoir pacifié l'état, essaya de rendre la paix à l'Église ; un concile général fut assemblé à Constantinople ; on y condamna les monothélites.

rien dit de particulier sur l'histoire de ce prince.

656.

JUSTINIEN II.

Il reprit quelques villes sur les Sarrazins, et conclut avec eux une paix avantageuse, mais ses exactions et ses débauches ternirent l'éclat de ses victoires. Léonce fit détrôner ce nouveau tyran, on lui coupa le nez et on l'envoya en exil. Alsimarc supplanta Léonce, et Justinien II ayant été rétabli, fit punir les deux usurpateurs ; enfin après avoir encore pendant six ans, tyrannisé les Grecs, Justinien et son fils Tibère furent assassinés par Bardanes.

GRIMOALD et PERTHAUT.

Grimoald.—Les deux fils d'Aribert, Godbert et Perthaut se disputèrent la couronne. Grimoald la leur enleva et se maintint sur le trône par son esprit, sa sagesse, et son courage.

Perthaut.—On ne sait rien de particulier concernant l'histoire de ce prince.

683.

JUSTINIEN II.

CUNIBERT.

On ne sait rien de ce prince.

692.

JUSTINIEN II.

ANSPRAND.

On ne sait rien de son histoire.

705.

JUSTINIEN II.

LUITPRAND.

Ce prince succéda à son père Ansprand, lié d'amitié avec Charles-Martel. Il soumit Trasimond, duc de Spolette ; ce fut un prince zélé pour la religion.

DAGOBERT II, FILS DE CHILDEBERT III.

Ce prince laissa un fils nommé Thierry, auquel les Français préférèrent Chilpéric II, fils de Childéric II.

716.

CHILPÉRIC II, FILS DE CHILDÉRIC II.

Ce prince, appelé d'abord Daniel, qui avait échappé à la mort lorsqu'on massacra, dans la forêt de Lyvri, son père, sa mère et son frère, monta sur le trône après Dagobert III. Rainfroid, maire du palais, le mit à la tête des troupes destinées à combattre Charles-Martel; mais il fut vaincu et obligé de reconnaître son vainqueur pour maître.

725.

THIERRY IV, FILS DE DAGOBERT III.

Sous ce règne, les Sarrazins ou Arabes présentèrent à Charles-Martel un péril digne de son courage. Ces infidèles venaient d'éteindre, en Espagne, la monarchie des Visigots; ils avaient franchi les Pyrénées, au nombre de quatre cent mille sous la conduite d'Abdérame. Charles les défit complètement et ne perdit que quinze cents hommes. Parvenu au comble de la gloire et de la puissance, le héros, à la mort de Thierry, ne se pressa pas de lui donner un successeur : il avait lui-même un fils, nommé Pépin, qui aurait pu s'emparer de la couronne ; mais Childéric III, quoique d'une incapacité reconnue, devait régner avant lui.

742.

CHILDÉRIC III, FILS DE CHILDÉRIC II.

Incapable d'exercer les fonctions royales, Childéric en laissa le fardeau à Pépin. Il est mis au nombre des rois fainéans. Ses sujets le renfermèrent dans un monastère et témoignèrent le plus vif désir de voir Pépin occuper un trône, où depuis long-temps, des rois indignes de ce nom s'étaient assis. Le pape Zacharie, consulté par les seigneurs, déclara que, vu l'incapacité de Childéric, Pépin pouvait accepter la couronne. Elle lui fut donc adjugée par la nation, d'un accord unanime.

JUSTINIEN II. | LUITPRAND.

716.

JUSTINIEN II, LÉON L'ISAURIEN. | LUITPRAND.

Léon l'Isaurien, né de parens pauvres, tâcha de se garantir de l'indigence, par un petit trafic de mercerie; il y réussit; devenu commandant des troupes d'Orient, il parvint à s'élever jusqu'au trône. Il s'avisa, pour illustrer son nom, de persécuter les catholiques, en faisant briser les images. L'Italie ne se soumit pas à l'édit du tyran, qui mourut peu après d'hydropisie.

725.

LÉON L'ISAURIEN. | LUITPRAND.

742.

LÉON L'ISAURIEN, CONSTANTIN. | LUITPRAND ASTOLPHE.

Constantin Copronyne, imita son père dans le zèle ardent qu'il avait déployé contre les adorateurs du vrai Dieu, et se déclara chef des *Icono-clastes*. Comme il marchait contre les Bulgares, il sentit ses jambes se remplir d'ulcères et de charbons. « Je sens dit-il que je brûle tout vif, et les flammes infernales me dévorent à cause des outrages que j'ai faits à la mère de Dieu. » Telle fut la fin de ce prince impie. Sous son règne le Pont-Euxin fut gelé, l'espace de soixante lieues de profondeur.

PÉPIN, fils de Charles-Martel.	CONSTANTIN V, COPRONYME.

Reines BERTHE.

Afin de rendre plus respectable son élection, Pépin voulut être sacré par saint Boniface, archevêque de Mayence. L'événement le plus remarquable de ce règne est la défaite de Didier en Italie. Celle des Saxons lui coûta aussi bien des peines; cependant il en triompha, et réunit l'Aquitaine à la France. Les historiens s'accordent à le louer.

768.

CHARLEMAGNE, fils de Pépin.

Himiltrude, Hermangarde, Fastrade, Lutgarde.

Après la mort de son frère Carloman, Charlemagne fut reconnu seul roi de toute la France. Afin de mettre ses sujets au delà du Rhin à couvert des insultes des Saxons, peuple barbare, qui ne cessait de les inquiéter, Charles marcha contre eux et les défit. Il passa ensuite en Espagne pour rétablir Ibin-Algrabi, dans Sarragosse. Il assiégea Pampelune, et se rendit maître du comté de Barcelone : mais son arrière-garde fut défaite à Roncevaux par les Arabes et les Gascons. Ce fut là qu'il perdit Rolland son neveu, si connu dans les histoires de la chevalerie. Les Saxons, quoique déjà domptés, se révoltèrent pourtant encore et donnèrent à Charlemagne de nouvelles preuves de leur mauvaise foi; aussi ce prince usa-t-il envers eux d'une extrême sévérité. Quatre mille furent exécutés sur les bords du Wezer. Witikind illustrera à jamais le zèle de Charles pour la religion, l'ambitieux Didier l'ayant obligé à passer en Italie, il le défit, et le fruit de sa conquête fut la couronne de l'empire d'Occident.

CONSTANTIN V, LÉON IV, CONSTANTIN VI, PORPHYROGENÈTE, IRÈNE, NICÉPHORE. (C'est à ce prince que commence l'empire Grec appelé Bas-Empire.

MICHEL CURAPALATE, LÉON V, l'Arménien.

Léon IV, fils de Constantin Copronyme, parut se moquer également de ceux qui honoraient ou persécutaient les images. Il mourut après un règne de cinq ans, victorieux des Sarrazins.

Constantin VI, Porphyrogenète, régna dix-sept ans avec sa mère Irène; mais plus ambitieuse que tendre, cette princesse sacrifia son fils au désir qu'elle avait de régner seule. Elle fit enlever secrètement Constantin, et donna ordre qu'on le transportât dans la chambre de pourpre, où il était né. Là on lui creva les yeux, et le malheureux prince, après avoir maudit sa mère, traîna une vie languissante, dans l'oubli et la misère.

Irène. Aussitôt que la barbare impératrice se vit assise sur le trône qui appartenait à son fils, une conjuration éclata contre elle en faveur de Nicéphore, que l'on couronna dans l'église de Sainte-Sophie. Quand la cérémonie fut achevée, Nicéphore se rendit au palais d'Irène, et lui protesta que, porté malgré lui sur le trône, elle pouvait tout attendre de sa protection. La suite ne justifia pas cette promesse.

HEPTARCHIE.

Les Anglo-Saxons, après avoir conquis l'Angleterre, y fondèrent sept petits royaumes. Leur histoire, comprise sous le nom d'Heptarchie, n'offre d'autre intérêt que celui que peuvent exciter les meurtres et le brigandage. Ce fut cependant sous Ethelbert, un des rois de l'heptarchie que la religion catholique devint en Angleterre la religion de l'état. Elle y fut portée par le moine Augustin, que la reine Berthe, fille de Caribert y avait appelé.

ALSTOPHE, DIDIER.

Didier, successeur d'Alstophe, après avoir ravagé l'Italie, s'était emparé de l'exarchat de Ravenne qui appartenait au pape Adrien II ; Charlemagne assiégea Pépin dans Pavie et le força de restituer au Saint-Siége ce qu'il lui avait enlevé. Avec Didier, finit en Italie la monarchie des Lombards ; elle avait duré deux cent six ans.

768.

HEPTARCHIE.

Suite de l'histoire d'Orient.

Nicéphore. Les victoires du calife Aron-Al-Raschid causèrent une telle épouvante au nouvel empereur, qu'il acheta la paix au poids de l'or. Aussi présomptueux que cruel et ignorant, il crut pouvoir triompher des Bulgares ; mais il paya cher sa témérité. Les Bulgares mirent le feu à son camp, taillèrent en pièces son armée ; lui-même trouva la mort au lieu même où il avait espéré trouver la victoire. La seule consolation que les habitans de Constantinople purent trouver dans leurs désastres, fut celle d'être délivrés d'un monstre d'avarice et de débauche.

Michel Curopalate, gendre de Nicéphore, lui succéda ; ce fut un prince plus dévôt qu'habile.

Léon l'Arménien avait su gagner la confiance du dernier empereur ; mais il en avait abusé d'une manière horrible, jusqu'à trahir et supplanter son bienfaiteur, qui lui fit porter les marques de la dignité impériale, et se retira dans un monastère de la Propontide.

DIDIER.

LOUIS LE DÉBONNAIRE,
fils de Charlemagne.
HERMANGARDE JUDITH.

Trop occupé de la réforme de l'église et trop peu de celle de l'état, Louis s'attira la haine des ecclésiastiques, et perdit l'estime de ses sujets. Sa cruauté envers Bernard, roi d'Italie, son neveu, en fut l'occasion ; vainement le jeune prince implora son pardon, Louis lui fit crever les yeux. Le démembrement qu'il fit des états qu'il avait donnés à ses trois fils Lotaire , Pépin et Louis , en faveur de son quatrième fils qu'il eut de l'impératrice Judith , fut une source continuelle de désordres. Lothaire ayant assemblé une puissante armée , joignit celle de son père dans une plaine appelée le *champ du Mensonge.* La défection des troupes du père , augmenta la force de ses enfans ; obligé de s'humilier devant eux, il dressa un nouveau partage, dans lequel son fils, Charles, quoiqu'innocent, ne fut pas compris ; on renferma même ce jeune prince dans le monastère de Prum , et l'empereur dans celui de Saint-Médard , les malheurs du prince ne se bornèrent pas là ; accusé d'être cause des malheurs de la France , on lui enjoignit de se soumettre à la pénitence publique. On le conduisit à l'église de Notre-Dame de Soissons. Il y parut en présence des évèques et du peuple, sans les ornemens impériaux , et tenant à la main un papier qui contenait la confession de ses fautes. Après cette humiliante cérémonie, on le renferma dans le monastère de Saint-Médard. La désunion entre ses enfans lui rendit la liberté. La déposition d'Ebbou , archevêque de Rheims, et le concile de Thionville où Louis fut réhabilité , prouvent que quelques évèques seulement le déposèrent ; cependant un de ces mêmes enfans, qui l'avaient rétabli sur le trône , se révolta encore contre lui ; le malheureux prince marcha contre son fils coupable ; on prétend que la frayeur que lui occasionna une éclipse de soleil causa sa mort. « Je pardonne à Louis, dit-il, en expirant ; mais qu'il sache qu'il m'a ôté la vie. »

LÉON V, l'Arménien. MICHEL II, le Bègue. THÉOPHILE.

La faveur de Michel sous le dernier empereur avait excité l'envie ; on l'accusa d'avoir conspiré contre lui ; puis condamné à mort, le malheureux aurait été exécuté le jour même, veille de Noel , si l'impératrice Théodosie n'eût représenté à l'empereur que c'était manquer de respect pour la fête. Léon différa ; mais dans la nuit, lui-même fut assassiné. Michel, tiré de prison, est salué empereur; il rappelle bientôt ceux qui avaient été exilés pour les images, et par une bizarerie étrange, il devient leur persécuteur. Les Sarrazins d'Afrique lui enlevèrent ce qu'il possédait dans la Calabre et dans la Pouille ; ce qui ne l'empêcha pas de se livrer à des excès de débauche qui causèrent sa mort.

Théophile , à l'exemple de son prédécesseur, ne tarda pas à persécuter cruellement les Catholiques ; il livra cinq fois bataille aux Sarrazins , et fut presque toujours malheureux ; la perte de la dernière accéléra ses derniers momens. Théodora, son épouse , femme vertueuse , lui fit baiser, avant que d'expirer, une image de la Sainte-Vierge ; il témoigna un sincère repentir de ses actes contre la religion.

EGBERT.

Ce prince mit fin à l'heptarchie et devint seul maître du royaume.

Second empire d'Occident; la maison de Charlemagne occupe le trône jusqu'à Conrad de Franconie.

CHARLES LE CHAUVE, FILS DE LOUIS LE DÉBONNAIRE.
HERMANTRUDE RICHILDE.

Elu roi de France après la mort de son père, et empereur par le pape et le peuple Romain, Charles vainquit au commencement de son règne, Lothaire et le jeune Pépin ses frères, à la bataille de Fontenay en Bourgogne. Les Normands inquiétèrent beaucoup la France sous le règne de ce prince : il leur opposa l'or au lieu du fer ; ces ménagemens, indignes d'un prince qui aurait dû se battre plutôt que de marchander, occasionnèrent de nouvelles courses et des déprédations. Ayant voulu profiter de la mort de Louis le Germanique, pour reprendre sur ses enfans ce qu'il avait cédé dans le dernier partage de la Lorraine, il fut battu par Louis, second fils du prince défunt. Revenant d'Italie, il mourut en Bresse, empoisonné dit-on, par un Juif, son médecin.

MICHEL III, BAZILE I, LÉON VI.

Michel III, l'ivrogne, monta sur le trône sous la tutelle de Théodosie sa mère ; Bardas s'empara tellement de la confiance du jeune empereur, dont il flatta les vices, qu'il obligea sa mère à lui rendre compte des affaires, et à se retirer dans un monastère. Saint Ignace, patriarche de Constantinople, ayant blamé Bardas, fut chassé de son siége et remplacé par Phocius. De là l'origine du schisme qui sépare l'église grecque de l'église latine.

Michel doit être mis au rang des princes qui ont déshonoré l'empire.

Bazile I. D'abord écuyer, puis chambellan de l'empereur Michel, qui l'associa à l'empire, averti que son bienfaiteur voulait le faire périr, le prévint et régna seul. Il rétablit saint Ignace sur son siége et en fit descendre Phocius. Les historiens louent son zèle pour l'église.

Léon VI. Quand ce prince parvint au trône l'empire était ouvert à tous les barbares ; les Turcs, dont Léon implora les secours, lui rendirent de grands services ; mais en employant leurs armes il leur ouvrit le chemin de Constantinople, dont ils furent les destructeurs. Léon mourut, laissant la conviction qu'il s'était conduit sagement ; mais il ne mérita guère le surnom de sage par sa conduite déréglée.

877.

LOUIS II, DIT LE BÈGUE, FILS DE CHARLES LE CHAUVE. ANSGARDE, Adélaïde.

Le pape Jean VIII, le couronna roi de France ; il fut contraint de démembrer plusieurs parties de son domaine en faveur de Bazon, et de plusieurs seigneurs mécontens ; il mourut à Compiègne.

BAZILE I, LÉON VI.

879.

LOUIS III ET CARLOMAN, FILS DE LOUIS II.

Ces deux princes, unis de cœur et d'intérêt, battirent souvent les Normands. Louis étant mort,

BAZILE I, LÉON VI.

ETHELWOF. ETHELBERT.

Ethelwof, doué d'un caractère doux et humain, succéda à son père; il y avait peu de temps qu'il était monté sur le trône, lorsque les Danois firent des courses en Angleterre, et prirent même Londres; mais il les défit entièrement. Ethelwof se voyant sans ennemis, offrit à Dieu la dixième partie des revenus de son royaume. Ce tribut que l'on nomme denier du saint Père, s'est payé annuellement jusqu'à Henri VIII. Ethelwof mourut après un règne de vingt ans.

Ethelbald continua à régner sur le Vessex; oubliant le tort qu'avait eu son père en épousant Judith, fille de Charles le Chauve, il s'allia lui-même avec la jeune veuve; ce lien incestueux scandalisa les peuples du Vessex; et après une résistance assez longue, le roi consentit à divorcer. Ethelbald avait donné des preuves non équivoques de sa valeur sous Ethelwof.

Ethelbert. Sous ce règne, qui fut court, la ville de Vinchester fut prise et saccagée par les brigands du Nord.

LOTHAIRE, LOUIS II. CHARLES LE CHAUVE.

877.

ETHELBERT.

LOUIS LE BÈGUE. CARLOMAN.

879.

ETHELRED I.

Ce prince, troisième fils d'Ethelwof, se vit dans la nécessité de s'armer souvent contre les Danois.

CARLOMAN. CHARLES-LE-GROS.

5.

Carloman demeura seul maître du royaume : il périt après un règne très-court, d'une blessure que lui fit à la chasse un sanglier.

884.

CHARLES le Gros, fils de Louis le Germanique.
RICHARDE.

Il avait réuni sur sa tête toutes les couronnes de Charlemagne ; trop faible pour supporter un tel poids, il fut méprisé par ses sujets qui le déposèrent.

BAZILE I, LÉON VI.

888.

EUDES, comte de Paris.

Il était fils de Robert le Fort ; il contraignit les Normands à lever le siége de Paris, et obligea aussi Charles le Simple à se retirer dans la Neustrie. Il mourut avec la réputation bien acquise d'un vaillant et très-habile capitaine.

LÉON VI, ALEXANDRE, CONSTANTIN VII.

Alexandre qui avait régné avec Léon VI, régna aussi avec Constantin VII ; livré uniquement aux plaisirs, à la suite d'un repas où il s'était enivré, il ressentit de vives douleurs d'entrailles, au milieu desquelles il expira.

899.

CHARLES le Simple, fils de Louis le Bègue.
FRÉDERUNE, OGIVE.

Touché des maux que les incursions des Normands faisaient à la France, Charles offrit à Rollon, leur chef, sa fille Giselle en mariage, avec la Normandie pour dot ; mais peu satisfait de ces magnifiques promesses, le Barbare demanda encore la Bretagne : on la lui céda. Robert, frère du roi Eudes, forma un parti puissant contre Charles, qui lui livra bataille et le tua ; mais il profita si mal de cet avantage, que les confédérés eurent le temps de lui opposer Raoul, duc de Bourgogne. Quelque temps après, Herbert l'enferma au château de Péronne, où il mourut.

CONSTANTIN VII, ROMAIN LECAPÈNE, associés.

La jeunesse de Constantin favorisa l'ambition de Romain Lecapène et lui permit de prendre le diadème ; il essaya par tous les moyens possibles de rendre le jeune prince méprisable, prenant le pas au-dessus de lui dans toutes les cérémonies, il alla même jusqu'à lui refuser les choses nécessaires : on prétend que le prince, habile dans les arts et surtout dans la peinture, était quelquefois réduit à vendre ses ouvrages, pour subvenir à ses besoins ; mais la conduite peu équitable de Romain ne tarda pas à être punie : ses propres enfans pénétrèrent un soir dans son appartement, l'enlevèrent et le forcèrent à se renfermer dans un cloître.

Blessé dans une rencontre, il mourut en peu de jours.

884.

ALFRED le Grand.

Les Danois le vainquirent d'abord ; il les chassa à son tour. Après avoir établi de sages lois dans Londres, il fit succéder la politesse et l'urbanité à la barbarie qui avait désolé le royaume. L'Angleterre lui doit l'université d'Oxford. Les historiens le comptent parmi les plus grands rois.

CHARLES le Gros.

888.

ARNOUL, LOUIS IV.

Dernier empereur des Français.

899.

ÉDOUARD l'Ancien, fils d'Alfred le Grand.

Il défit les Écossais, les Bretons et les Danois, fonda l'université de Cambridge, protégea les savans et mourut l'an 924.

LOUIS IV.

RAOUL, duc de Bourgogne.

Les seigneurs français, qui sous ce règne aspiraient à l'indépendance, ne manquèrent pas de former des intrigues et des cabales : les gouvernemens, qui dans l'origine n'avaient été que des récompenses accordées pour un temps, étaient devenus héréditaires, tandis que la couronne, qui dans l'origine était héréditaire, semblait être devenue élective. Ce furent l'ambition, la jalousie, des ducs et des comtes qui, à dater du règne de Charles le Chauve, causèrent tant de désordres et de calamités ; aussi un roi que sa fermeté et son génie ne mettait pas au dessus d'eux, était sûr de tomber dans le mépris. Raoul, à l'exemple d'Eudes, déploya une énergie qui les réduisit à l'obéissance. Il soutint aussi plusieurs guerres avec succès.

ROMAIN LÉCAPÈNE.

936.

LOUIS IV d'Outre-Mer, fils de Charles le Simple.

Ce prince essaya de s'emparer de la Lorraine ; mais l'empereur Othon le força de se retirer. S'étant emparé de la Normandie sur Richard, il fut défait par Acgrolde, roi de Danemark. Il mourut bientôt après, d'une chute de cheval.

CONSTANTIN VII régna seul.

Lorsque ce prince eut pris en main les rênes de l'État, il s'empara de Bénévent sur les Lombards, et chassa les Turcs qui désolaient ses états. Hélène, son épouse, fille de Romain Lecapène, le domina jusqu'à l'excès ; cette princesse vendait les charges et les dignités de l'empire ; elle accablait le peuple d'impôts, pendant que l'empereur se livrait à l'étude. Ce prince mourut des suites du poison que lui fit prendre Romain, son fils.

954.

LOTHAIRE, fils de Louis IV.
EMMA.

Il fit avec succès la guerre à l'empereur Othon, et mourut empoisonné, dit-on, par Emma, sa femme.

ROMAIN II, le Jeune.

Ce prince passait sa vie dans la débauche ; des comédiens et des bouffons composaient toute sa société. Théophane, sa criminelle épouse, accéléra sa mort par le poison : il n'avait que vingt-quatre ans.

ADELSTAN.

Ce prince, regardé comme le premier roi de toute l'Angleterre, se signala contre les Danois, qu'il chassa du Northumberland, et força les Gallois à lui payer un tribut considérable. Il vainquit aussi les Écossais, et mourut après avoir fait à l'état tout le bien que peut faire un roi bon, juste et chrétien.

CONRAD I. HENRI I.

Conrad I succéda à Louis, l'enfant dernier descendant de Charlemagne.

Henri I, l'Oiseleur, ainsi appelé parce que, lorsque les électeurs vinrent lui annoncer qu'ils l'avaient choisi, il était occupé à la chasse des oiseaux. Ce fut un des rois les plus dignes de porter la couronne : il fit bâtir plusieurs villes et environna de murs les gros bourgs de la Saxe ; il vainquit aussi les Esclavons et les Danois ; tant de succès ne lui enlevèrent pas le cœur modeste qu'il avait conservé sous les lauriers, il ne prit jamais le titre d'empereur dans ses diplômes, ni même celui de germanique.

936.

ADELSTAN. EDRED.

Les dix années du règne d'Edred, furent marquées par peu d'evénemens remarquables ; une très-faible santé le rendit indifférent à toute affaire sérieuse.

OTHON le Grand.

Charlemagne avait été le vengeur de Rome, Othon en fut le vainqueur et l'oppresseur ; aussi son empire n'eut pas de fondemens aussi solides que celui de Charlemagne. Othon avait d'ailleurs de belles qualités, beaucoup de courage, un cœur droit et une piété fervente.

954.

EDRED, EDGARD.

Edgard subjugua une partie de l'Irlande, et vainquit les Écossais. Ayant enlevé une jeune fille d'une rare beauté, nommé Elfrida, il l'épousa ; mais l'archevêque de Cantorbéry lui imposa une pénitence de sept ans, qui lui fit comprendre l'inconvenance de sa démarche.

OTHON le Grand.

HUGUES CAPET, FILS DE HUGUES LE GRAND.

Ce ne fut pas la naissance qui plaça Hugues Capet sur le trône, mais le vœu général de toute la nation; Charles de Lorraine, oncle de Louis V, y avait, il est vrai, des droits incontestables; mais le peuple ne l'aimait pas; le sort d'une bataille livrée à Laon, et perdue par Charles, décida la querelle en faveur du vainqueur. Il sut jusqu'à la fin de sa vie, conserver l'affection de ses sujets et la couronne qu'ils lui avaient adjugée.

BAZILE II, CONSTANTIN VIII.

Lorsque Constantin se vit sur le point d'expirer, il fit appeler Romain Argyre, et lui proposa une de ses filles en mariage; mais, en cas de refus, il le menaça de lui faire crever les yeux. Romain Argyre, cependant, était marié; il était heureux : il rend compte à sa femme de l'entretien qu'il a eu avec l'empereur. Cette femme généreuse, malgré leur mutuel attachement, l'engage à ne pas hésiter; elle lui donne elle-même l'exemple, en consacrant le reste de ses jours au service du Seigneur, dans un monastère où elle prit le voile.

996.

ROBERT, FILS DE HUGUES CAPET.
BERTHE, CONSTANCE.

Ce prince, d'un naturel bon et pacifique, se vit, pendant une partie de son règne, excommunié par le pape Grégoire V, à cause du mariage qu'il avait imprudemment contracté avec Berthe sa parente. Sentant la nécessité de condescendre enfin aux volontés du souverain pontife, Robert répudia Berthe et épousa Constance, dont le caractère difficile lui offrit devant Dieu matière à de continuels sacrifices. Après avoir apaisé la révolte des grands de son royaume, le roi s'appliqua à rendre ses sujets heureux. L'empire d'Italie lui fut offert; mais comme il se sentait trop faible pour porter un si lourd fardeau, il le refusa. Son extrême piété lui a mérité de grands éloges.

CONSTANTIN VIII, ROMAIN ARGYRE.

Dès que ce dernier se vit dégagé de ses sermens envers son épouse bien aimée, il songea à complaire à l'empereur, et épousa sa fille Zoé. Indolent par caractère, il ne tarda pas à éloigner de lui celle qui venait d'unir sa destinée à la sienne : Zoé porta même les choses à un tel excès, que pour donner le trône à Michel IV, qu'elle aimait, elle fit assassiner son mari.

ETHELRED II.

Ce fils d'Edgard était un prince barbare ; il fit tuer tous les Danois qui se trouvaient dans son royaume, et ordonna que leurs femmes seraient enterrées par le milieu du corps, afin de se procurer le plaisir de les voir dévorer par les chiens ; ce prince cruel éprouva la valeur des armes de Suénon, roi des Danois, qui à son tour l'obligea à lui céder une partie de ses états et à se retirer chez Richard, duc de Normandie, dont il avait épousé la sœur.

OTHON III, le Roux.

Il fut sacré, à Aix-la-Chapelle, par les états d'Allemagne : il était fils de Othon II. Cependant Henri de Bavière enleva le jeune prince et prit la régence, que les états rendirent à la mère d'Othon. Crescencius, sénateur puissant, avait excité de grands troubles en Italie ; Othon y ayant été rappelé par Jean XV, les apaisa, et fut sacré par Grégoire V, successeur de Jean. L'empereur retourna ensuite dans ses états ; mais Crescentius nomma un pape sous le nom de Jean XVI : celui-ci, de concert avec le sénateur, projetait de rétablir les Grecs en Italie ; mais Othon y rentre bientôt, fait mourir Jean XVI et son protecteur ; puis il installe sur le saint-Siége Sylvestre II ; et en traversant la Pologne, il donne à Boleslas le titre de roi de ce pays.

996.

EDMOND, Côte de fer.

La valeur et le courage de ce prince lui méritèrent le surnom que lui a conservé la postérité. Canut, roi de Danemark, lui donna tout le temps de son règne une constante occupation. Voyant cependant qu'il ne pourrait entièrement le vaincre, Edmond consentit à partager avec lui le royaume d'Angleterre.

OTHON III, le Roux.
HENRI II, le Boiteux.

Comme il poursuivait ses ennemis dans une vive action, Henri se cassa la jambe. Il fut surnommé le Boiteux. Marié à sainte Cunégonde, il vécut avec elle dans une chasteté perpétuelle. Son attrait pour la vie monastique lui fit plus d'une fois tenter de l'embrasser ; mais éclairé sur ses devoirs, on lui démontra que le premier pour lui était de gouverner les peuples que Dieu lui avait confiés : il sacrifia donc son inclination, et demeura dans l'état où la Providence l'avait établi : il y mourut en odeur de sainteté ; il fut canonisé, ainsi que sa femme.

HENRI I, FILS DE ROBERT.
MATHILDE ANNE.

Henri I devait régner après la mort de Robert; mais la tendresse de Constance, sa mère, pour son cadet pensa le priver de ses droits : cependant la justice triompha, et Henri, après s'être assis sur un trône qui lui appartenait, sut s'y maintenir. On place sous ce règne une famine horrible, qui désola la France, et pendant laquelle le peuple se livra à des excès de toute espèce. Heureusement l'abondance ramena le calme.

ROMAIN ARGYRE. MICHEL IV.
MICHEL V. ZOÉ, THÉODORA.
CONSTANTIN IX. MICHEL VI. ISAAC
COMNÈNE, CONSTANTIN X, DUCAS.

Michel IV, le Paphlagonien, nommé ainsi de la province qui le vit naître, ne fut pas long-temps sans se repentir d'avoir contribué à la mort de Romain; dégoûté des affaires, il en laissa le soin à l'eunuque Jean, et après sa mort, protégé par Zoé, il monta sur le trône; un de ses premiers actes d'autorité fut d'exiler sa bienfaitrice : le peuple, irrité d'une si noire ingratitude, lui fit crever les yeux.

Zoé et Théodora régnèrent ensemble; l'empire ne fut jamais mieux gouverné.

Constantin IX, Monomaque, qui leur succéda, témoigna un grand chagrin à la mort de Zoé, qu'il regardait comme sa bienfaitrice; il lui survécut peu.

Michel VI régna après lui : sa conduite le fit bientôt chasser du trône, et remplacer par Isaac Comnène; le peuple, difficile à contenir, s'offensa de ce que le nouvel empereur s'était fait représenter sur une médaille, le glaive en main, en signe de sa puissance; Isaac se vit ainsi forcé à la retraite.

Constantin X, Ducas, appelé au trône, préféra les lauriers de l'éloquence, à ceux dont se parent les rois, et ne s'occupa que de littérature.

CANUT le Grand, HAROLD, HARDI CANUT.
Saint-Édouard.

C'est à Canut-le-Grand que l'Angleterre doit la gloire d'avoir extirpé de son sein une multitude de barbares qui la désolaient. Le zèle de Canut lui mérita la faveur d'être compté parmi les martyrs, puisque ce fut pour les intérêts de la religion qu'il perdit la vie et le trône.

Harold, qui succéda à Canut, ne laissa de souvenir de lui que celui d'un mauvais prince.

Hardi-Canut occupa le trône après lui. L'histoire ne nous a transmis aucun événement qui ait eu lieu sous son règne, sinon que la mort de ce prince sépara la couronne d'Angleterre de celle de Danemark.

Saint Edouard fut placé sur le trône après Hardi-Canut. Un caractère doux et humain, le porta à rendre ses peuples heureux. Il chassa Godwin, homme puissant et ambitieux, qui abusait de son autorité; sentant approcher les derniers instans d'une vie qu'il n'avait employée qu'à faire du bien, saint Edouard nomma pour lui succéder Guillaume I, qu'il avait adopté.

CONRAD II. HENRI III. HENRI IV.

Conrad, fils d'un duc de Franconie, employa les premiers temps de son règne à réprimer l'insolence des seigneurs qui se révoltèrent.

Raoul III, duc de Bourgogne, qui était mort, lui avait cédé son duché, et de plus, lui avait donné en mariage sa sœur Giselle : cependant, Eudes comte de Champagne, lui disputa cet apanage; mais un combat dans lequel Eudes fut tué, décida la querelle; Conrad mourut peu après à Spire.

Henri III, le Noir, lui succéda : après plusieurs expéditions que ce prince fit en Hollande, il passa en Italie, et mit fin aux troubles qui agitaient ce pays. Le pape, Clément II, lui donna la couronne, ainsi qu'a sa femme; Henri I, roi de France, avec qui il avait eu une entrevue, lui avait reproché l'usurpation de plusieurs provinces.

Henri IV, le Vieux, succéda à son père Henri III. Pendant sa jeunesse, la régence fut confiée à Agnès, sa mère; fier et hautain par caractère, le prince ne se laissa pas long-tems gouverner; dès qu'il put se débarrasser de ses tuteurs, il en profita. Alexandre III étant mort, l'élection d'un pape ne lui parut pas au-dessus de son pouvoir, et il nomma Grégoire VII, pour le remplacer. Le nouveau pontife, si connu avant son élection, sous le nom d'Hildebrand, ne flatta pas les vices de l'empereur, qui l'avait choisi; l'avarice de Henri alla jusqu'à vouloir vendre les évêchés, abus énorme contre lequel se récria Grégoire, et qui l'engagea à retirer à Henry IV le droit, qu'avaient eu jusqu'alors les empereurs d'Allemagne, d'investir par la crosse et par l'épée; c'est-à-dire, de nommer aux charges ecclésiastiques et civiles. Henri, qui ne voulait pas se laisser dominer, fit mettre Grégoire en prison; puis, craignant que les seigneurs, mécontens de sa conduite ne le déposassent, il fit mine de le réconcilier avec le pontife, et se soumit même à une pénitence de trois jours excessivement humiliante. Les Lombards, cependant, pleins de mépris pour sa personne, songèrent à donner la couronne à

1060.

PHILIPPE I, fils de Henri I.
BERTHE, BERTRADE.

Plusieurs événemens signalèrent les commencemens et la fin du règne de Philippe : l'Angleterre conquise par un duc de Normandie ; la Terre sainte enlevée aux infidèles par Godefroy de Bouillon, et un royaume chrétien érigé en Palestine ; mais le monarque français n'eut aucune part à ces succès. On doit attribuer la cause de son inaction à la passion désordonnée qu'il ressentit long-temps pour Bertrade, femme du comte d'Anjou ; il l'épousa après avoir répudié sa femme Berthe ; mais le pape Urbain II, craignant pour son troupeau les effets d'une union si scandaleuse, excommunia le roi. Le prince, par sa soumission envers le Saint-Siége, promit de se réconcilier avec Berthe et de renvoyer Bertrade ; mais peu après, il fit couronner cette dernière. Les Français, qu'une conduite si peu conséquente mécontentèrent beaucoup, ne le dissimulèrent point à leur souverain ; Philippe ne trouva alors d'autre moyen de se les rattacher qu'en donnant à Louis, son fils, les rênes de l'état. Au bout de quelques anuées, sentant sa fin approcher, le roi se convertit sincère-

CONSTANTIN X. ROMAIN DIOGÈNE.
MICHEL VII, déposé.

Euxodie, femme de l'empereur Constantin, lui avait promis de ne pas contracter de nouveaux nœuds si elle lui survivait ; cependant, devenue veuve, elle épousa Romain Diogène, quoiqu'elle fût mère de trois fils. Romain combattit les Arabes, et comme Arsan, leur chef, venait de le vaincre et de l'interroger sur la manière dont il l'aurait traité s'il eût été vainqueur : « Je vous aurais fait percer de coups, » répondit Romain. « Je n'imiterai point une cruauté si contraire à ce que J. C., votre législateur, vous ordonne » répliqua le prince barbare, et il le renvoya avec honneur.

Michel VII, Parapinace, fils de Constantin Ducas, réclama le trône qui lui appartenait, et fit crever les yeux à Romain, qui en mourut ; mais Michel ne jouit pas long-temps de la couronne ; Michel Botaniate s'étant rendu maître de Constantinople, le força à se renfermer dans un monastère, d'où on le tira pour le faire archevêque d'Ephèse.

Henry V, son fils ; plus irrité encore, le vindicatif empereur fit de nouvelles tentatives contre la personne sacrée de Grégoire ; le chef de l'église prévint le coup en favorisant l'élection de Rodolphe, duc de Souabe ; mais ce prince fut tué en se défendant, à la journée de Volcksheim, contre son compétiteur. Henri victorieux, se croyant invincible, prit sa route vers Rome, qu'il assiégea ; nomma Guibert à la place de Grégoire, qui venait de mourir, et désola toute l'Italie par ses cruautés. Dieu cependant en avait fixé le terme ; ce méchant prince, obligé de fuir devant l'armée de son fils Henri V, qui venait pour le combattre, mourut à Spire, abandonné de ses sujets, dont il aurait dû se montrer le père.

1060.

MAISON DE NORMANDIE.
GUILLAUME I, LE CONQUÉRANT.
GUILLAUME, LE ROUX.

Guillaume I, fils naturel de Robert, duc de Normandie, fut appelé au trône d'Angleterre par Saint Edouard : Harald, qui y prétendait, comme allié du roi défunt, fit valoir ses droits : mais ceux de Guillaume parurent incontestables, et le succès de la bataille d'Hasting décida en sa faveur. Son couronnement suivit la victoire qu'il avait remportée sur Hérald et transmit son nom à sa postérité, comme premier roi d'Angleterre du sang de la maison de Normandie.

Dès que Guillaume le Conquérant se vit affermi sur le trône, il se montra sévère et même cruel. Philippe I, roi de France, l'ayant plaisanté sur son embonpoint, vit le Vexin ravagé, et aurait craint pour d'autres provinces, si une chute de cheval que fit Guillaume, n'eut causé sa mort, et débarrassé ainsi Philippe d'un très dangereux ennemi. Il mourut à Mantes.

Guillaume le Roux, fils du précédent, l'imita dans sa sévérité. Il déposa Lanfranc, archevêque

HENRY IV. HENRY V,

Henry V montra en sa personne combien Dieu réprouve la rébellion des enfans envers les auteurs de leurs jours ; le droit d'investiture auquel il avait forcé son père de renoncer, fut la cause continuelle des troubles et des persécutions de l'église contre l'état, et des révoltes des souverains contre les papes. Gélase II, Paschal II, Calixte II, Grégoire VIII, furent tour-à-tour persécutés, et maîtres cependant de lancer contre un roi coupable les anathèmes de l'église, jusqu'à ce que Nicolas V forçât, dans le traité de Worms, l'empereur et ses successeurs à renoncer aux droits d'élection. Une maladie contagieuse enleva Henri V à des sujets qui l'ont regardé comme un fils dénaturé et un prince cruel.

ment. Il répudia Bertrade et mourut dans de grands sentimens de piété. Philippe I eut quelques bonnes qualités ; mais son goût trop excessif pour les plaisirs le retint au rang des princes médiocres.

1108.

LOUIS VI, LE GROS, FILS DE PHILIPPE I. ADELAIDE.

Louis sut réprimer les vassaux de la couronne. Henri I, roi d'Angleterre s'était emparé, contre la foi des traités, de la forteresse de Gisors. Louis proposa de vider la querelle par un duel : mais le roi d'Angleterre se moqua d'une telle proposition, et tout vaincu qu'il fut, il garda Gisors. Le reste du règne de Louis fut signalé par des démêlés avec l'Angleterre. Dans une bataille, un seigneur anglais se saisit de la bride du cheval de Louis, en s'écriant : Le roi est pris ; mais le prince l'ayant renversé d'un coup de sabre, lui répondit : On ne prend pas le roi aux échecs. Louis mourut peu après, regretté généralement de ses sujets.

ALEXIS COMNÈNE. JEAN COMNÈNE.

Alexis, fils d'Isaac, reçut une très-bonne éducation ; il fut regardé dans sa jeunesse comme un héros. Proclamé empereur en 1081, il battit les Turcs et les força à faire la paix : puis il obligea Robert Guiscard à lui abandonner la victoire. Une multitude de princes croisés lui causèrent de vives inquiétudes ; craignant que Bohëmond, fils de Guiscard, ne profitât de cette circonstance, il prit le parti de dissimuler et de traiter avec les croisés, promettant de les secourir par terre et par mer. Il leur tint parole au siége d'Antioche ; mais voyant que leurs affaires prenaient une fâcheuse tournure, il se retira ; il est vrai qu'il racheta ensuite leurs prisonniers, et qu'il reçut les princes avec magnificence lorsqu'ils revinrent à Constantinople : il triompha ensuite de Bohëmond par un traité de paix. Il mourut en 1118, âgé de soixante-dix ans. La plupart des historiens peignent ce prince avec les couleurs les plus noires. Sa fille Anne, au contraire, lui donne de grands éloges, dans l'histoire qu'elle a écrite. Il y a un milieu à tenir entre le panégyrique et la satyre ; si l'on a blâmé Alexis de s'être cru l'administrateur de la fortune publique, on ne saurait trop le louer de sa sobriété, de son amour pour les lettres et de son affabilité envers le peuple.

1137.

LOUIS VII, LE JEUNE, FILS DE LOUIS VI. ÉLÉONORE, CONSTANCE, ALIX. —

Ce prince commença par apaiser les troubles qu'avait fait naître Thibault, comte de Champa-

JEAN COMNÈNE. MANUEL. C.

Manuel Comnène, quatrième fils d'Isaac Comnène et d'Irène de Hongrie, monta sur le trône au préjudice d'Isaac son frère aîné, qui en fut exclu,

de Cantorbéry, qui lui avait fait de justes re pré-
sentations : et après avoir vaincu Malcom, roi d'E-
cosse, il le fit mourir ainsi que son fils Edouard :
Guillaume, en chassant une bête fauve, reçut une
blessure grave, dont il mourut peu après.

1108.

HENRI I. ETIENNE de blois.

Après la mort de Guillaume le Roux, Henri
fut reconnu roi au préjudice de Robert courte-
cuisse, qui était en Palestine, cependant Robert
essaya de lui disputer ses droits ; une bataille, que
les deux frères se livrèrent en Normandie, donna
la couronne à Etienne. Le roi de France et celui
d'Angleterre eurent plus d'une fois occasion d'é-
prouver leur valeur réciproque. Le droit des inves-
titures occasionna aussi entre Anselme et Henri de
vives contestations : c'est à dater de ce règne que
commence l'origine des libertés Anglaises.

Etienne de Blois, neveu de Henri, monta sur
le trône au préjudice de Mathilde, qui en était la
seule héritière par la mort de ses frères.

Robert, duc de Glocester, et David, roi de Danemarck, soulevèrent les peuples contre cette injustice, et placèrent Mathilde sur le trône de ses
ancêtres : bientôt le caractère altier de la princesse
indisposa contre elle les esprits : contrainte de céder
de nouveau le trône à son cousin, Mathilde se retira dans la Normandie. Henri, son fils, qui avait
des droits incontestables à la couronne, fut toutefois présenté à Etienne. On convint qu'après la
mort de celui-ci, le petit fils de Henri I occupe-
rait le trône.

HENRI V. LOTHAIRE II.

Le trône fut disputé à Lothaire par Conrad, duc
de Souabe et neveu de Henri ; mais les seigneurs
choisirent le fils de leur dernier empereur. C'est
sous son règne que les priviléges ecclésiastiques
furent réglés.

1137.

ETIENE de blois.
MAISON D'ANJOU.
HENRI II.

Henri II, fils de Geoffroy Plantagenet et de Ma-

LOTHAIRE II. CONRAD III.
FRÉDÉRIC I.

Conrad III, duc de Franconie, fils de Frédéric,
duc de Souabe, et d'Agnès, sœur de Henri V, fut

gne. L'incendie de la ville de Vitry, auquel Louis prêta les mains, lui causa de tels remords, qu'il ne trouva d'autre moyen de s'en débarrasser que d'aller au secours des chrétiens de Palestine. Saint Bernard entraîna, par ses discours, les grands du royaume à suivre l'exemple du monarque; cependant l'expédition fut malheureuse, et l'on ne manqua pas d'en accuser le saint abbé de Clairvaux. De grands chagrins domestiques affligèrent aussi le roi. La conduite de sa femme Éléonore, le força à contracter une autre alliance, et cette rupture priva la couronne d'une de ses plus belles provinces. Éléonore porta la Guyenne en dot à Henri Plantagenet, qui devint roi d'Angleterre.

en vertu du testament de son père. La première guerre que Manuel eut à soutenir fut contre Roger, roi de Sicile : les commencemens en furent malheureux ; il parvint enfin à chasser les ennemis. Après avoir repoussé les sultans d'Alger et d'Icône, il descendit en Egypte. Les trahisons d'Amaury, roi de Jérusalem, l'obligèrent de retourner en Europe. Ce prince, se voyant sur le point de mourir, manifesta de grands sentimens de piété.

1180.

PHILIPPE II, Auguste, fils de Louis VII.
ISABELLE, INGERBURGE, AGNÈS de
MÉRANIEX.

La jeunesse de Philippe II parut une occasion favorable aux seigneurs pour se révolter : mais le nouveau roi leur fit bientôt voir de quoi il serait capable, lorsqu'il faudrait défendre ses droits. Henri II, ayant essayé de lui enlever quelques places, il l'obligea à se soumettre et à renoncer à ses prétentions. Le roi tourna ensuite toute son attention à rendre ses peuples heureux ; il y réussit. La journée de Tibériade venait d'enlever aux

ALEXIS II, Comnène. ANDRONIC I.
ISAAC L'Ange, ALEXIS III.
ALEXIS IV, Murzuphe.

EMPIRE LATIN.

BAUDOIN I, HENRI. PIERRE de Courtenay.
ROBERT de Courtenay.

Alexis II, trop jeune pour succéder à son père Manuel, fut mis sous la tutelle de Marie, sa mère : le peuple ne pouvant supporter la tyrannie qu'il déploya en montant sur le trône, l'en chassa pour y placer son cousin.

thilde, fille de Henri I , monta sur le trône, après la mort d'Etienne ; il enrichit l'Angleterre de plusieurs provinces, entre autres de la Bretagne qu'il conquit sur Conan IV ; il s'empara aussi de l'Irlande. Son règne est célèbre par ses démêlés avec Thomas Becket, archevêque de Cantorbéry, qu'il fit enfin assassiner après une longue discussion. Le prince coupable crut voir la vengeance céleste s'armer contre lui, lorsqu'il apprit l'invasion du roi de France et du comte de Flandre dans ses états de Normandie : il vole au secours de Rouen, et se voit obligé de l'abandonner aux vainqueurs. En même temps Malcolm, roi d'Ecosse, s'empare du Northumberland ; alors pour détourner la colère du ciel, il se rend en pélerinage au tombeau de saint Thomas en posture de pénitent et y demeure plusieurs jours. Ses armes furent ensuite plus heureuses : la paix avec la France fut conclue ; mais le chagrin qu'éprouva Henri de l'abandon de ses enfans le conduisit au tombeau.

reconnu après la mort de Lothaire, pour lui succéder ; mais Henri de Bavière surnommé le Superbe, s'y opposa ; il fut mis au ban de l'empire et dépouillé de ses biens ; cette disgrâce causa la mort de Henri. Le margrave d'Autriche eut beaucoup de peine à se mettre en possession de la Bavière. Velf, oncle de Henri, la lui disputa : la bataille qui fut livrée dans cette occasion, donna naissance à deux partis célèbres, les Guelfes et les Gibelins. Conrad III passa en Palestine, où il fut moins heureux que dans la guerre contre la Bavière ; il perdit la moitié de son armée, par le poison que les Grecs furent accusés d'avoir jeté dans les fontaines. De retour en Allemagne, il mourut à Bamberg.

Frédéric I Barbe-Rousse, duc de Souabe, obtint la couronne à la mort de son oncle : le pape le sacra après plusieurs débats. Son règne ne fut qu'une suite continuelle de démêlés avec le Saint-Siége : les souverains pontifes qui occupèrent successivement la chaire de saint Pierre, en ce temps-là, furent Adrien II et Alexandre III , auxquels Frédéric opposa l'anti-pape Victor et Urbain III. Ce prince finit par se rendre aux avis de ses sujets ; il partit pour la Terre-Sainte, occupée alors par Saladin et mourut à Tharse, pour s'être baigné dans le Cydnus.

1180.

HENRI II, RICHARD I, JEAN-SANS-TERRE, HENRI III.

Richard I apprit la mort de son père lorsqu'il revenait de la Terre-Sainte ; il apprit en même temps qu'une faction nombreuse s'était élevée contre lui, en faveur de Jean son frère, mais il la dissipa et tourna ses armes contre la France. Ce fut pendant cette campagne que Richard, occupé au siége d'une place, fut atteint d'une flèche : la blessure était mortelle ; on s'empressa de porter du secours au prince. Mais plus occupé du salut de son âme que de sa guérison, le prince fit venir l'assassin et lui

FRÉDÉRIC I, HENRI VI le Sévère. PHILIPPE, OTHON IV, FRÉDÉRIC II.

Il y avait plus d'un siècle que la coutume était établie en Allemagne de donner aux fils des empereurs le titre de rois des Romains, quand Frédéric le donna à Henri VI, son fils.

Après avoir triomphé en Allemagne, Henri VI tourna ses armes contre l'Italie : il entra dans la Pouille, sur laquelle il avait des droits par sa femme Constance. Le malheureux Richard, roi d'Angleterre ayant acheté de lui sa liberté, lui fournit les moyens de s'emparer des Deux-Siciles.

chrétiens de la Palestine la ville de Jérusalem, le roi de France et Richard I, qui occupait alors le trône d'Angleterre, réunirent leurs forces pour reprendre la ville sainte ; la levée du siége d'Acre leur faisait espérer quelque succès, lorsque les deux rois, après plusieurs contestations, retournèrent dans leurs états. Philippe cependant trouva dans la conduite de Jean Sans Terre de puissans motifs pour lui être contraire. Ce prince, injuste et cruel, venait de tremper ses mains dans le sang de son neveu Arthur, et comptait par ce moyen s'emparer de ses états de Bretagne. Philippe, indigné, l'obligea à comparaître à la cour des pairs, mais il refusa de s'y rendre. Alors reconnu coupable du crime de félonie, Jean se vit dépouillé de ce qu'il possédait en France. Cependant une ligue formée entre l'Angleterre, la Flandre et l'Allemagne, attira l'attention de Philippe. Les armées en présence se rencontrèrent au pont de Bouvines, non loin de Lille; elles se disputèrent long-temps la victoire, qui passa enfin du côté des Français. Un si brillant succès couronna le règne de Philippe.

Andronic I. Ce prince fit étrangler son prédécesseur et se montra plus cruel que lui. Ses sujets, indignés, donnèrent la couronne à Isaac l'Ange; Andronic essaya de se soustraire à la punition que méritaient ses crimes; mais la Providence ne le permit pas; et ce méchant prince étant tombé entre les mains de ses sujets, expira dans d'affreux supplices. Il sembla reconnaître dans les tortures que la justice de Dieu le punissait.

Isaac l'Ange parut d'abord vouloir réparer les maux que son prédécesseur avait faits à l'état ; mais oubliant bientôt ses promesses, il força le peuple à le chasser du trône.

ALEXIS III, frère d'Isaac l'Ange, prince débauché et avare, abandonnant l'empire à Euphrasie sa femme, se vit encore trop faible pour résister aux forces des Vénitiens que l'empereur d'Allemagne avait soulevés contre lui; il s'enfuit et tomba entre les mains de Théodore Lascaris, qui le fit renfermer dans un monastère, après lui avoir fait crever les yeux,

Alexis IV, fils d'Isaac l'Ange, l'avait rétabli sur le trône; il n'était regardé que comme son collègue, lorsqu'un nouveau tyran les détrôna tous deux, et fit étrangler Alexis.

Murzuphe, au lieu de se défendre contre les infidèles, qui lui enlevaient ses provinces, tourna ses armes contre les princes croisés. Constantinople fut prise, et Baudoin, élu empereur des Latins, fut reconnu chef de ce nouveau royaume; cependant Théodore Lascaris conserva le titre d'empereur des Grecs. Murzuphe, pris par Baudoin, eut les yeux crevés, et ne vécut que trois mois.

EMPIRE LATIN.

Baudouin monta sur le trône après la prise de Constantinople. Reconnu et salué roi des Latins, il se montra digne de porter la couronne; mais elle lui fut bientôt arrachée. Joannice, roi des Bulgares, l'ayant fait prisonnier, lui fit subir le genre de mort le plus abominable.

pardonna sa mort. Il expira peu d'heures après.

Jean-Sans-Terre, quatrième fils de Henri I, fut ainsi nommé parce que son père l'avait privé d'apanages. L'assassinat de son neveu Arthur imprimera à la mémoire de ce prince une tache ineffaçable; au surplus, il en fut bien puni. Obligé de signer la grande charte, il se brouilla avec les ecclésiastiques, et le pape Innocent III mit son royaume en interdit : ses sujets, après la bataille de Bouvines, qu'avait gagnée le roi de France, choisirent pour les gouverner Louis VIII, fils du prince vainqueur. Jean-Sans-Terre éprouva un tel chagrin de cette détermination, qu'il promit au sultan de se faire mahométan, s'il voulait le secourir. Haï et méprisé de ses sujets, ce prince, indigne de porter le sceptre, mourut pour avoir, dit-on, mangé trop de pêches.

Henri III, fils de Jean-Sans-Terre et d'Isabelle d'Angoulême, fit de vaines tentatives pour recouvrer la Normandie. Saint Louis le battit en plusieurs rencontres, surtout à la journée de Taillebourg, et l'obligea à renoncer à ce qu'il possédait encore en France. Malheureux au sein de ses états, les barons révoltés, ayant à leur tête le comte de Montfort, le battirent à Leeves; il y fut même fait prisonnier avec Richard son frère, et Edouard son fils : les rebelles le forcèrent à signer un plan de gouvernement qui donna naissance à l'autorité du parlement d'Angleterre. L'année suivante, le duc de Glocester, jaloux de l'autorité du comte de Leicester, le Catilina de l'Angleterre, fit évader le prince Édouard. Henri ne dut sa liberté qu'à la mort du comte de Leicester; il mourut paisiblement à Londres, après un règne agité.

La famille infortunée du malheureux Roger périt misérablement, après avoir possédé ce pays. Les cruautés de Henri lui ont mérité le surnom de Sévère et de Cruel.

Philippe, fils de Frédéric I, et frère de Henri VI, fut élu par une partie des électeurs. L'autre partie voulait élire Othon IV, duc de Saxe. Le pape ne s'était pas hâté de prononcer en faveur des concurrens : enfin il donna sa voix pour Othon, à cause de l'excommunication que Célestin avait prononcée contre Philippe. Cependant une lettre de ce dernier, remplie de soumission, le réconcilia avec le souverain pontife : peu après, Philippe fut assassiné à l'âge de quatre-vingt-quatre ans.

La mémoire de ce prince est respectée en Allemagne.

Othon IV, le Superbe était fils de Henri-le-Lion. Pour donner plus de poids à son élection, il alla recevoir à Rome la couronne des mains d'Innocent III, qui la lui donna, à condition qu'il rendrait au Saint-Siége, les biens de la comtesse Mathilde, nommément la Marche d'Ancône et le duché de Spolette. Othon promit tout, et ne tint rien; Innocent lança alors ses foudres et engagea les princes d'Allemagne à élire Frédéric, fils de Henri VI. Les princes y consentirent, et le malheureux Othon se renferma à Brunswik; de là il entra dans la ligue formée contre Philippe-Auguste; mais ayant été défait par le monarque français à Bouvines, il consacra le reste de ses jours à la retraite, plus heureux cent fois dans cet état qu'il ne l'avait été sur le trône.

Frédéric II ne commença à régner qu'après la mort d'Othon. Les Milanais ne voulaient pas le reconnaître, parce qu'il était petit-fils de Barbe-Rousse. Les papes Honoré III et Grégoire IX, l'excommunièrent tour-à-tour, pour avoir négligé les intérêts des princes chrétiens en Orient. Deux factions déchiraient en ce temps le sein de l'Allemagne, celles des Guelfes et des Gibelins : les premiers, dévoués

Henri I, successeur de Baudoin, assiégea la ville de Lentiane qui dépendait du domaine de Lascaris ; ce prince venait de fonder un second empire à Nicée. Henri fut, dit-on, empoisonné par sa femme, fille de Joanice, car il n'avait pas craint de contracter une alliance avec le bourreau de son frère.

Pierre de Courtenay, frère de Baudoin, ne fut pas heureux dans ses entreprises. Ayant voulu traverser l'Epire, les Epirotes l'emmenèrent prisonnier ; le chagrin que lui causa sa captivité lui donna la mort.

Robert de Courtenay succéda à son père : il aimait éperdument la fille d'un seigneur, qui avait été promise à un Bourguignon. Celui-ci, apprenant que sa future épouse lui préfère Robert, se rend chez elle, lui fait couper le nez et les oreilles. Cette nouvelle parvient au roi ; la peine qu'elle lui cause est inexprimable : il meurt peu de temps après.

1223.

LOUIS VIII, FILS de PHILIPPE-AUGUSTE. BLANCHE DE CASTILLE.

Ce prince, doué des plus excellentes qualités, fut appelé par les Anglais au trône de la Grande-Bretagne. Il ne s'y soutint pas long-temps et en descendit pour s'asseoir sur celui de ses aïeux. Sa mort prématurée priva la France d'un bon prince.

ROBERT DE COURTENAY.

1226.

LOUIS IX, (saint Louis) FILS de LOUIS VIII. MARGUERITE de Provence.

Saint Louis n'avait que onze ans lorsqu'il monta sur le trône : la régence fut confiée à Blanche de Castille sa mère, princesse vertueuse et habile, qui sut réprimer les grands vassaux de la couronne ; le comte de la Marche força plus d'une fois le roi à s'armer contre lui. Henri III, roi d'Angleterre, éprouva aussi en plus d'une rencon-

ROBERT DE COURTENAY. BAUDOIN II. EMPIRE GREC RÉTABLI. MICHEL PALÉOLOGUE.

Baudoin II, dernier empereur latin de Constantinople, de la maison de Courtenay, ne pouvant tenir contre les troupes de l'empereur Paléologue, lui abandonna sa capitale et s'enfuit en Occident. Il céda ses droits à Charles d'Anjou et aux rois de

au pape, portaient deux clefs sur l'épaule : les
autres, attachés à l'empereur, étaient décorés d'une
croix. Frédéric, réconcilié avec le Saint-Siége condamna Henri, son fils, à une prison perpétuelle,
pour crime de rébellion ; il se laissa ensuite aller à
son inclination pour la cruauté. Ayant rangé sur
la même ligne Jésus-Christ, Mahomet et Moïse, le
pape l'excommunia de nouveau. Son impiété irrita
ses sujets à un tel point contre lui, qu'il se vit obligé
de prendre pour sa garde des Mahométans ; il ne
put cependant éviter la mort. Quelques auteurs
prétendent qu'à ses derniers momens, il se repentit.

1223.

HENRI III.   **FRÉDERIC II.**

1226.

HENRI III.   **FRÉDÉRIC II. CONRAD IV.**

Conrad IV, duc de Souabe et fils de Frédéric II,
proclamé roi des Romains à l'âge de sept ans,
tâcha de se faire élire empereur, après la mort de
son père. Le pape Innocent IV, qui lui reconnaissait le même caractère qu'à Frédéric II, s'y
opposa. Conrad passa en Italie pour s'en venger :
il prit Naples, Capoue, Aquino, et mourut peu
après, à la fleur de son âge. On soupçonna Mainfroy,

tre la valeur du saint roi. Étant tombé dangereusement malade, saint Louis fit vœu de marcher en Palestine au secours des chrétiens, s'il plaisait à Dieu de lui rendre la santé : à peine convalescent, il s'embarqua à Aigues-Mortes. Le fruit de ses premières armes contre les infidèles fut la prise de Damiette : le Caire allait aussi tomber au pouvoir des Français, quand le comte d'Artois, frère du roi, les priva, par son imprudence, non seulement d'une si belle conquête, mais encore de celles dont il aurait pu enrichir la France. Les ennemis s'étant ralliés, enfermèrent les troupes du comte d'Artois dans Massoure. Saint Louis, fait prisonnier, se montra encore plus grand dans les fers que sur le trône : son héroïque vertu frappa d'une telle admiration ses farouches vainqueurs, qu'ils furent sur le point de lui offrir la couronne : après qu'il leur eut, pour ainsi dire, dicté lui-même les conditions de son rachat, il retourna dans ses états, où la mort de la reine Blanche nécessitait sa présence. Peu satisfait du succès de ses armes en Palestine, il essaya d'y repasser une seconde fois ; mais la trahison du roi de Tunis fit encore échouer une entreprise où le saint roi n'avait eu pourtant en vue que la seule gloire de Dieu. Sentant sa fin approcher, il songea à paraître devant celui qui avait toujours été le mobile de ses actions. Sa mort édifiante arriva lorsqu'il était encore en Afrique occupé du siége de Tunis. La bulle de sa canonisation par Boniface VIII est un éloge magnifique de ses vertus chrétiennes, royales et héroïques.

Sicile ses successeurs. Il avait de l'esprit, de la valeur ; mais il manquait de la vigilance et de l'activité nécessaires dans les circonstances où il se trouvait.

Michel Paléologue, régent de l'empire d'Orient, durant la minorité de Jean Lascaris, monta sur le trône à sa place en 1260, puis fit crever les yeux au jeune prince, son pupille. Malgré les sermens de fidélité qu'il lui avait faits, l'année d'après, il reprit Constantinople par trahison, sur Baudoin II, aussi cette conquête lui fit-elle peu d'honneur. Il travailla avec zèle, à la réunion de l'église orientale avec l'occidentale : il signa l'acte de réunion et envoya au pape sa profession de foi ; mais Martin II, ne la croyant pas sincère, l'excommunia comme fauteur du schisme et de l'hérésie des Grecs. A sa mort, les Grecs lui refusèrent la sépulture ecclésiastique, parce qu'il avait voulu les réunir à l'église latine, et qu'il avait paru persister dans cette union jusqu'à la mort, malgré les obstacles qu'il avait rencontrés. Ce traitement de la part des schismatiques semblerait prouver que ses démarches pour la réunion étaient sincères : on serait tenté de le croire, si les vices de ce prince, ne détournaient naturellement l'esprit d'une aussi favorable opinion.

1270.

PHILIPPE III LE HARDI, FILS DE SAINT LOUIS. ISABELLE D'ARAGON, MARIE DE BRABANT.

Ce prince valeureux sut contenir les grands vassaux de la couronne. Son règne est célèbre par le massacre de tous les Français établis en Sicile. La haine que les Napolitains portaient à Charles d'Anjou, frère de saint Louis, en fut la cause. Ils

ANDRONIC II, PALÉOLOGUE.

Prince d'un génie borné, il ne se crut pas capable de porter seul le poids de la couronne. Il s'associa donc son fils Michel, qui ne vécut que peu d'années : Andronic le jeune gouverna alors avec son aïeul, et, l'ayant relégué en 1278, dans un monastère, il régna seul. Le vieil Andronic,

fils naturel de son père, de l'avoir fait empoisonner.

1270.

HENRI III, ÉDOUARD I.

Édouard succéda à Henri son père, qui mourut à l'époque où il se trouvait en Palestine : sans perdre de temps, il se rendit en Angleterre après avoir fait hommage à Philippe III, roi de France, des pays qu'il y possédait ; il donna la couronne d'Écosse à Bailleul. Douze compétiteurs y aspi-

CONRAD IV, RODOLPHE de Hapsbourg, TIGE DE LA MAISON D'AUTRICHE.

Ce prince, surnommé le Clément, était fils d'Albert, comte de Hapsbourg. Il fut élu empereur l'an 1273 ; mais il ne voulut pas aller à Rome pour se faire couronner ; il fit un traité avec le pape Nicolas III, par lequel il s'engagea à défendre les

formèrent le projet de les bannir de la Sicile ; et le jour de Pâque, à l'heure de vépres, un Français ayant insulté une femme, provoqua par cette action l'émeute générale. Pierre III d'Aragon, qui avait épousé la fille de Mainfroy, prétendu roi de Sicile, avait soulevé le peuple ; il l'excite à massacrer les Français et se rend maître de la Sicile, dont Charles d'Anjou est contraint de s'enfuir. Philippe cependant marche contre lui, prend Gironne et aurait poursuivi ses conquêtes, si la mort n'en eût arrêté le cours. Les successeurs du comte d'Anjou ne possédèrent depuis ce temps que le royaume de Naples.

confessa publiquement, avant de mourir, la faute qu'il croyait avoir faite, en se réunissant à l'église latine. Ce prince, d'un génie tout opposé à celui de Michel, chargea son peuple d'impôts, pour acheter la paix. Il altéra tellement la monnaie, qu'elle n'eut plus de cours chez les étrangers ; ce qui fit tomber le commerce.

1285.

PHILIPPE le Bel, fils de Philippe III. JEANNE DE NAVARRE.

Philippe IV au titre de roi de France joignit celui de roi de Navarre, que lui apporta en mariage Jeanne, fille unique du dernier comte de Champagne. Les vassaux de la couronne ne pouvaient, en ce temps, marier leurs enfans sans le consentement du monarque : au mépris de cette loi, Gui, comte de Flandre, donna sa fille au fils du roi d'Angleterre, et se ligua avec lui contre Philippe, qui l'attira à Paris, le fit prisonnier et ne lui rendit la liberté qu'après avoir retenu sa fille en otage. Mais à peine revenu dans ses états, Gui redemanda sa fille, et menaça de la guerre en cas de refus. La conquête de la Flandre servit de réponse à Philippe : ce prince aurait pu conserver cependant cette province, s'il n'y avait mis pour gouverneur un homme dont les injustices révoltèrent le peuple.

ANDRONIC II.

raient depuis la mort du dernier souverain pontife, Alexandre III. Edouard s'empara aussi sur Léolin, de la principauté de Galles. Une guerre, commencée contre la France, se termina par le mariage d'Édouard avec Marguerite, sœur de Philippe IV, et par celui d'Édouard II, avec Isabelle sa fille : cependant la couronne d'Écosse, qu'il venait de donner à Jean de Bailleul, tentait un peu la cupidité du monarque anglais : il s'empara de ce royaume par trahison ; de là date la haine réciproque des deux nations : au surplus il ne conserva pas jusqu'à la mort cette couronne, qu'il possédait si injustement.

biens de l'église. Son règne fut troublé par la guerre contre Ottocare, roi de Bohême, sur lequel il remporta une victoire signalée. Le vaincu fut obligé de céder au vainqueur l'Autriche, la Styrie et la Carniole. Il consentit à faire un hommage-lige à l'empereur, sous un pavillon dont les rideaux devaient être fermés, pour lui épargner une mortification publique. Ottocare s'y rendit, couvert d'or et de pierreries : Rodolphe, par un faste supérieur, le reçut avec l'habit le plus simple. Au milieu de la cérémonie, les rideaux du pavillon tombent, et font voir aux yeux du peuple et des armées qui bordaient le Danube, le superbe Ottocare à genoux, tenant ses mains jointes entre les mains de son vainqueur. La femme d'Ottocare, indignée de cet hommage, engagea son époux à recommencer la guerre : la bataille se donna près de Vienne, et Ottocare y perdit la vie. Rodolphe lui survécut plusieurs années, et mourut âgé de soixante-treize ans.

Les historiens louent son zèle pour la religion.

1285.

ÉDOUARD I. ÉDOUARD II.

Les passions ternirent les qualités qu'Édouard aurait pu faire briller sur le trône. Gaveston, son favori, fut massacré par les seigneurs, jaloux de la confiance du roi. Le joug de l'Angleterre, devenu insupportable aux Écossais, fit éclater chez eux une guerre qui les soustraignirent à l'obéissance d'Édouard. Ce prince, malheureux au dehors, le fut aussi dans sa famille. Isabelle, sa femme, mécontente de ses procédés à son égard, se retira à la cour de Charles-le-Bel, son frère : le prince français engagea sa sœur à lever l'étendard de la révolte contre son mari. Docile à ce conseil, Isabelle, secourue du comte de Hainaut, repassa la mer avec trois mille hommes. Édouard, livré à l'incertitude dans laquelle il avait flotté toute sa vie, se réfugia avec Spencer, son favori, dans le pays de Galles, tandis que le vieux Spencer

RODOLPHE de Hapsbourg. ADOLPHE de Nassau. ALBERT I. HENRI de Luxembourg.

Adolphe, élu par l'assemblée des seigneurs, était un prince d'une extrême bravoure. Albert d'Autriche qui lui contestait son élection, à laquelle lui-même avait droit, lui livra bataille. Les deux compétiteurs déployèrent autant d'adresse que de courage : ils combattirent corps à corps avec un égal avantage, jusque là qu'Albert ayant blessé son adversaire, celui-ci expira faute de prompts secours.

Albert I, fils de Rodolphe, succéda à Adolphe. Sous son règne se forma la république des Suisses : ces peuples, encore sauvages, ne pouvant supporter la tyrannie du cruel Gesler, gouverneur de l'empereur, mirent à leur tête le brave Guillaume-Tell. Cet homme courageux et ami de la liberté, après avoir supporté la pénible épreuve à laquelle

Les chefs de la faction étaient des artisans. Philippe, pensant qu'il ne fallait rien négliger pour les réduire, envoya contre eux une armée commandée par le comte d'Artois, neveu de saint Louis : emporté par un zèle indiscret, le comte fit perdre aux Français la bataille de Courtray. Afin de réparer les pertes de cette journée, Philippe marcha de nouveau en Flandre, où il défit, près de Mons-en-Puelle, l'armée ennemie et réunit ainsi à la France toute la Flandre en deçà de la Lys. Le pape Boniface VIII ayant excommunié, à la même époque, le roi vainqueur, à cause de son refus d'accommodement avec l'Angleterre, celui-ci envoya des troupes en Italie. Surpris dans Agnanie, le pape éprouva de la part des envoyés de si mauvais traitemens, que peu de temps après, il en mourut. Si ce fût une faute au roi de France d'avoir souffert que la personne sacrée du souverain pontife ne fût pas respectée, ce fut aussi une grande faute de la part du chef de l'Église d'avoir soutenu que la puissance temporelle dépendait du Saint-Siége. Le procès des Templiers, l'abolition de leur ordre, et la mort des principaux chefs, furent les derniers événemens de ce règne.

1314.

LOUIS X, LE HUTIN, FILS DE PHILIPPE LE BEL, MARGUERITE DE BOURGOGNE.

Ce règne n'a fourni d'autre événement remarquable que l'assassinat d'Enguérand de Marigni ; qui avait été ministre des finances, et que Louis sacrifia à la haine de ses sujets, et surtout à celle de son oncle Charles de Valois. Les regrets que témoigna ce prince le justifient en quelque sorte, si quelque chose peut justifier le crime. Le règne de Louis fut court ; un excès de jeu termina ses jours. Jean I, son fils, le suivit de près au tombeau.

ANDRONIC II.

s'enfermait dans Bristol, pour couvrir sa fuite.

Cette ville ne tint pas long-temps contre les efforts des illustres aventuriers qui suivaient la reine. Les deux Spencer moururent de la main du bourreau. Edouard fut condamné à une prison perpétuelle, et son fils mis en sa place. Esclave sur le trône, pusillanime dans les fers, il finit comme il avait commencé, c'est-à-dire, en prince lâche. Après quelques mois de prison, on lui enfonça un fer chaud dans le fondement; il mourut dans ce cruel supplice, après un règne de vingt ans.

le farouche gouverneur avait mis son amour pour son jeune fils, sur la tête duquel il fallait que, d'un trait de flèche, il abattt une pomme, trouva moyen de noyer l'oppresseur de son pays; et, secondé de ses braves compatriotes, assura l'indépendance absolue de la Suisse.

Henri VII, de Luxembourg, est le premier empereur d'Allemagne qui n'ait été élu que par six électeurs. Après avoir nommé vicaire d'Allemagne son fils Jean, déjà roi de Lombardie; il marcha contre l'Italie, que les factions des Guelfes et des Gibelins réduisaient à l'extrémité : Henri se serait rendu maître de cette belle province, si la mort ne l'eût arrêté au milieu de ses exploits.

1314.

ÉDOUARD. II.

LOUIS V de Bavière.

A Henri de Luxembourg succéda Louis V de Bavière : cependant Frédéric, fils de Henri, se fit élire à Cologne : une bataille, que les deux princes se livrèrent, et dans laquelle Frédéric fut fait prisonnier, décida du sort de l'empire. Le pape Jean XXII, qui accusait Louis V de protéger l'hérésie, l'excommunia : l'empereur, irrité, marcha vers Rome, s'en empara, et condamna le pape ainsi que le roi de Naples, qui le protégeait, à être brûlés vifs; ce dernier cependant, ayant mis une armée sur pied, força Louis V à fuir avec l'anti-pape Pierre de Corbière. Un accident fâcheux termina la vie de ce prince.

PHILIPPE V, le Long, fils de Philippe le Bel. JEANNE de Bourgogne.

Jeanne, fille et héritière de Louis le Hutin, devait lui succéder ; mais en vertu de la loi salique, elle fut exclue du trône, et Philippe le Long, second fils de Philippe le Bel, y monta à sa place. Ce prince songeait à signaler son règne par une croisade, afin de se venger des Musulmans, qui soudoyaient les Juifs pour empoisonner les puits de France : mais la mort ne lui laissa pas le temps de mettre ce projet à exécution, et l'on se contenta de bannir les Juifs du royaume.

1322.

CHARLES IV, le Bel, fils de Philippe le Bel.

BLANCHE, fille de Othon iv. MARIE de Luxembourg. JEANNE d'Évreux.

Ce prince, IIIe fils de Philippe le Bel, succéda à Philippe V. Son règne fut trop court pour le bonheur de ses sujets : en lui finit la branche dite des Capétiens directs, qui avait donné quatorze rois à la France.

ANDRONIC II.

1322.

ÉDOUARD II. ÉDOUARD III.

Les intrigues d'Isabelle contribuèrent beaucoup
à élever sur le trône Édouard III , son fils ; mais ,
peu reconnaissant et oubliant les titres que la na-
ture donnait à Isabelle , Édouard la retint en prison
pendant dix-huit ans. Il s'empara de l'Écosse sur
David Brusbe , et sur Bailleul. La Guyenne lui
parut aussi une conquête digne de ses armes, et
pour se l'assurer , il fit alliance avec les Flamands
et avec l'empereur ; mais les deux puissances ne
consentirent à lui prêter secours qu'à condition
qu'il prendrait le titre de roi des Français ; il s'y engagea , et joignit même sur ses armoiries la fleur
de lys au léopard : puis il alla mettre le siége devant Cambrai ; il fut obligé toutefois de le lever. A
Crecy et à l'Ecluse, le succès de ses armes plongea
la France dans le deuil. Son fils, le prince de Galles,
gagna sur Jean II la fameuse bataille de Poitiers ,
et se comporta en toute rencontre d'une manière
digne d'éloges. Édouard s'empara aussi de Calais,
dont le siége si fameux le couvrit de gloire. C'est
sous ce règne que , dans un bal donné à la comtesse
de Salisbury, fut institué l'ordre de la jarretière.
Ce prince mourut avec la réputation d'un grand
politique et d'un brave conquérant.

LOUIS V de Bavière.

BRANCHE DES VALOIS. PROPREMENT DITE.
PHILIPPE VI, FILS DE CHARLES DE VALOIS,
FRÈRE DE PHILIPPE IV.

JEANNE DE BOURGOGNE. BLANCHE D'ÉVREUX.

Deux princes aspiraient à la couronne, Édouard III, neveu de Charles le Bel du côté maternel, et Philippe de Valois, cousin germain de Charles, du côté paternel : en vertu de la loi salique, Édouard fut exclu du trône.

Les Flamands, toujours rebelles, s'étant de nouveau révoltés contre leur prince, Philippe prit la défense de son vassal et mit le siége devant Cassel, ville que les révoltés avaient fortifiée. Zaneck, leur chef, homme du peuple, fut forcé de la remettre à Philippe, malgré les dérisions et les bravades des insurgés : ainsi Philippe fit tout rentrer dans l'ordre, et remit la Flandre à son duc ; mais aux malheurs particuliers de la France se joignit encore l'horrible fléau de la peste : le nombre des morts était tel, que dans les villes et les campagnes, les vivans suffisaient à peine pour les enterrer. Le peuple, se rappelant ce que les Juifs avaient tenté sous Philippe le Bel, les massacra dans plusieurs villes comme auteurs des malheurs publics. Philippe ne survécut pas long-temps à ces désastres ; il emporta avec lui la réputation d'un prince brave, mais imprudent, bon, mais peu clairvoyant.

ANDRONIC II, ANDRONIC LE JEUNE,
JEAN VI PALÉOLOGUE, JEAN CANTACUZÈNE.

Andronic le jeune, petit fils du précédent, eut plus de vertus que son aïeul : malgré sa valeur, il ne put cependant arrêter les Turcs qui s'avançaient vers Constantinople, après avoir transporté le siége de leur empire de Prusse à Nicée. La mort du jeune Andronic affligea son peuple.

Jean Paléologue ne prit pas d'abord le titre d'empereur, à cause de l'usurpation de Jean Cantacuzène ; mais étant parvenu à le chasser, il se fit reconnaître chef de l'empire. Son règne fut cependant très malheureux : son fils Andronic se révolta contre lui, et la nonchalance de l'empereur fit perdre Andrinople, dont Amurat Ier s'empara.

<h2 style="text-align:center">1350.</h2>

JEAN II, LE BON, FILS DE PHILIPPE VI.
BONNE DE LUXEMBOURG. JEANNE DE LA TOUR
D'AUVERGNE.

Jean II était âgé de quarante ans lorsqu'il commença à régner. Il fait renfermer Charles le Mauvais, dont il redoutait la fourberie et la duplicité. Édouard III saisit avec empressement cette occasion d'armer contre la France, et les intrigues du méchant prince de Navarre, gendre du roi, accé-

JEAN PALÉOLOGUE, JEAN CANTACUZÈNE.

ÉDOUARD III.

LOUIS V, CHARLES IV.

Charles IV, fils de Jean de Luxembourg et petit-fils de l'empereur Henri VII, monta sur le trône après Louis V en 1347. Son règne est célèbre par la fameuse bulle d'or, composée par Barthole : dans cette bulle, on commence par apostropher les sept péchés capitaux : on y trouve aussi la convenance des sept dons du Saint-Esprit avec les sept électeurs. Par cette loi fondamentale on fixe le nombre des électeurs à sept. On assigne à chacun d'eux une grande charge de la couronne ; enfin on y règle leurs droits : cette bulle est écrite sur papier vélin, et conservée à Francfort ; on y mit la dernière main à Metz, aux fêtes de Noël. Charles y fut servi dans une cour plénière, avec les cérémonies les plus imposantes. Le duc de Luxembourg et de Brabant lui donna à boire : le duc de Saxe, grand maréchal, parut avec une mesure d'argent pleine d'avoine, qu'il prit dans un gros tas, devant la salle à manger. L'électeur de Brandebourg donna à laver à l'empereur et à l'impératrice ; et l'électeur Palatin posa les plats sur la table. Charles IV mourut à Brague, dont il avait fondé l'université. Il introduisit, autant qu'il le put, en Allemagne, les lois et les coutumes de la France, où il avait été élevé.

1350.

ÉDOUARD III.

CHARLES IV.

lérèrent sa chute. Cependant les deux princes ayant fait de grands préparatifs, la guerre fut déclarée; les armées se rencontrèrent à Poitiers, et les Français, qui, déjà avaient oublié le désastre de Crécy, attaquèrent les Anglais, qui se trouvaient dans un poste à peu près semblable à celui qu'ils occupaient lors de cette journée; ils furent taillés en pièces, et le roi fut fait prisonnier. Charles V, son fils, gouverna cependant en son absence; mais bientôt une faction, encouragée par Charles le Mauvais, qui, par malheur, était sorti de prison, bouleversa tout le royaume; tous les ordres de la société contribuèrent chacun à sa ruine, la faction à la tête de laquelle se trouvait Marcel, prévôt des marchands, était la plus contraire aux intérêts du roi. Édouard ne manqua pas de profiter de l'occupation que l'intérieur donnait au dauphin, pour s'approcher jusque près de Paris : en vain on lui fit des propositions, il les rejeta toutes. Cependant, comme il était devant Chârtres avec son armée, un orage affreux, qui enleva ses bagages et une partie de son monde, le fit songer à la paix : elle fut signée à Brétigny. Par ce traité Jean sortit de prison, mais sa rançon ayant été fixée à un trop haut prix, il reprit le chemin de l'Angleterre, où il mourut.

1364.

CHARLES V, le Sage, fils de Jean II.
JEANNE.

Le dauphin, instruit de la mort de Jean son père, prit le titre de roi. Il ne se laissa pas éblouir par l'éclat du diadème, et releva la France de l'opprobre où l'avaient plongée les dernières campagnes. Il humilia les rois d'Angleterre et de Navare, enfin, il rétablit la tranquillité dans le royaume, et mérita par là le titre de Sage. A la tête des guerriers, qui secondèrent les vues de Charles, il faut placer le fameux Bertrand Duguesclin, l'honneur des chevaliers de son temps, la

JEAN Paléologue.

1364.

ÉDOUARD III, RICHARD II.	CHARLES IV, WENCESLAS.

ÉDOUARD III, RICHARD II.

Richard II, fils du prince de Galles ou du prince Noir, succéda à son grand-père. Il porta avec succès ses armes en Écosse et vainquit, en plusieurs rencontres, les Français. Mais Édouard, duc d'York, Jean de Lancastre et Thomas de Glocester, ses oncles, conspirèrent contre lui ; leur rébellion tourna contre eux. Thomas fut assassiné, le comte de Warwick exilé, et celui de Lancastre perdit la vie. Henri, comte de Derby, depuis connu sous le nom de Lancastre, forma le projet de venger la mort de son oncle, et fit emprisonner Richard II,

CHARLES IV, WENCESLAS.

La cruauté de Wenceslas est tout ce que l'histoire a transmis de la vie de ce prince à la postérité. Ses sujets révoltés le chassèrent du trône.

7.

terreur des rebelles et des Anglais. Une fièvre ardente trancha ses jours, au siége de Brandon. Son corps fut porté, par ordre du roi, à Saint-Denis : le roi éprouva un chagrin très-violent de la mort de Bertrand , et la sienne ne tarda pas à priver la France d'un de ses meilleurs rois.

1380.

CHARLES VI , fils de Charles V. ISABELLE de Bavière.

L'extrême jeunesse de ce prince livra la France à l'avarice et à l'ambition de ses trois oncles, les ducs d'Anjou , de Berri et de Bretagne. Le premier accabla le peuple d'impôts ; la France profita de l'absence du roi pour se soulever. Ce prince, quoiqu'il ne fût encore âgé que de quatorze ans , venait de gagner la bataille de Rosbecq sur les Flamands révoltés, ce qui faisait concevoir les plus belles espérances; presque toutes les villes, à l'exception de Gand , rentrèrent dans le devoir. Comme Charles se disposait à marcher contre le duc de Bretagne, un coup de soleil dont il fut frappé le rendit furieux; et, dans un accès, il tua quatre hommes. Cependant la paix fut signée entre la France et l'Angleterre pour vingt-huit ans. Charles par fois recouvrait sa raison ; mais il n'osait assembler les états, ni rien entreprendre. Il était présumable que quelque prince profiterait des conjonctures ; en effet Jean-Sans-Peur, duc de Bourgogne, vint à la cour et y excita des troubles : il fit assassiner le duc d'Orléans, frère du roi, et la France se trouva divisée entre la faction des Bourguignons et celle des Orléanistes. Les Anglais ne manquèrent pas non plus de profiter des troubles , et gagnèrent la bataille d'Azincourt , où périrent sept princes du sang. Le Maine et la Normandie devinrent aussi la proie des Anglais. Le duc de Bourgogne fut assassiné , et Philippe le Bon , pour venger la mort de

JEAN Paléologue , MANUEL II , JEAN II, Paléologue.

Manuel II succéda à Jean son père ; il fut moins heureux que lui : les Turcs l'attaquèrent et s'emparèrent de Thessalonique , et faillirent prendre Constantinople. Dans une pareille extrémité , Manuel demanda du secours aux Latins; le refus qu'il essuya d'eux lui causa un si vif chagrin , qu'il se retira dans un monastère, après avoir donné la couronne à Jean II , son fils.

Aussi malheureux que son prédécesseur, Jean II eut encore à soutenir la guerre contre les Turcs. Comme le nouvel empereur ne pouvait espérer de secours de la part des Latins , il songea à la réunion des deux églises. Le pape Eugène connaissait ses bonnes intentions : il lui envoya deux légats , afin de l'engager à y persévérer. On tint un concile à Florence , la réunion fut rétablie; mais la mort de Jean empêcha qu'elle subsistât longtemps.

qui renonça au trône en faveur de Henri IV, à
condition qu'on lui accorderait la vie et une pen-
sion. Le parlement y consentit ; mais ce même
parlement déclara que, dans le cas où l'on voudrait rendre au roi la liberté, il le ferait mourir.
Ses sujets ayant essayé de le délivrer, huit scélé-
rats, envoyés par le parlement, se transportèrent
à la prison du malheureux prince , et l'assassinè-
rent.

1380.

·RICHARD II, HENRI IV, HENRI V.
MAISON DE LANCASTRE.

Henri IV, fils de Jean de Lancastre , s'empara
du trône. Après que Richard eut été juridique-
ment déposé, la couronne appartenait de droit à
Edmond , duc de Clarence, petit-fils d'Édouard III ;
ce qui n'empêcha pas que le royaume ne se trouvât
divisé entre les maisons d'York et de Lancastre.
De là , la faction de la Rose Blanche et de la Rose
Rouge ; cette dernière était le signe de la maison
d'York. Henri fit la guerre aux Français et aux
Écossais ; il mourut de la lèpre.

Henri V succéda à son père, et forma le projet
de conquérir la France , ce qu'il parvint à exécuter
en partie : il fit une descente en Normandie , suivi
de cinquante mille hommes, s'empara de Honfleur,
gagna la bataille d'Azincourt sur Charles VI, et
pénétra jusqu'à Rouen. Les troubles de France
contribuèrent beaucoup à ses succès. La guerre se
termina par un traité honteux pour la France ; il
fut signé à Troyes. On y stipula que Henri V épou-
serait Catherine , fille de Charles VI , et qu'il ré-
gnerait en France après sa mort. Heureusement
pour Charles, Henri V le précéda au tombeau.

WENCESLAS, ROBERT, SIGISMOND.

Robert, fils de Robert le Tenace, prince palatin,
fut nommé empereur après la déposition de Wenceslas : il voulut, pour gagner les Allemands ,
s'emparer du Milanais, que Wenceslas avait dé-
taché de leurs états : mais Robert ne put réussir
dans ce projet ; il ne fut pas plus heureux lorsqu'il
essaya d'attacher les princes d'Allemagne au parti
du pape Grégoire XII, contre Alexandre V. Il
mourut sans avoir exécuté ses desseins ; il partagea
ses états entre ses fils , qui furent la tige de la
branche Palatine.

Sigismond , frère de Wenceslas , épousa Marie
de Hongrie , fille de Louis-le-Grand , et devint
possesseur de ce pays. Les Turcs faisaient de grands
progrès en Europe , et venaient de prendre la Bul-
garie et les provinces qui environnent la Hongrie.
Les succès des infidèles réveillèrent aussi l'attention des princes de l'Europe et surtout de Sigismond , qui demanda du secours à la France , et en
reçut un renfort sous la conduite du duc de Nevers.
Bajazet, qui défendait la ville de Nicopolis , força
Sigismond après plusieurs défaites à retourner dans
ses états : on avait fait courir le bruit de sa mort,
et Ladislas allait lui enlever la couronne ; mais la
présence de Sigismond remit l'ordre dans ses
états. Désirant pacifier les troubles de l'église , il
se rendit en Italie, afin d'y conférer avec le pape
Jean XXIII, à qui Benoît XIII disputait la tiare.
La mort l'y surprit ; il était âgé de soixante-dix
ans. Albert , son gendre, lui succéda.

son père, s'unit à Henri IV et à Isabelle, femme
de Charles VI. Ce traité fut signé à Troyes; Henri V
fut déclaré régent et héritier de la France par son
mariage avec Catherine, fille de Charles VI. Le
dauphin se retira en Anjou : on crut généralement
que la couronne resterait aux Lancastre ; la mort
de Henri V changea les opinions.

1422.

CHARLES VII, FILS DE CHARLES VI. MARIE D'ANJOU.

Lorsque ce prince monta sur le trône, la France
était dans l'état le plus déplorable. Le duc de Bedfort, qui commandait les troupes anglaises et celles
de la Bourgogne, mit le comble aux malheurs de
la France, par les batailles de Verneuil et de Crévant. Charles aurait été perdu sans retour, si la
division ne se fût mise parmi les alliés. Après quatre ans de négociations, le duc de Bedfort parvint
à mettre le siége devant Orléans, que Dunois défendit vaillamment; il s'était jeté dans cette ville
avec l'élite de la noblesse. Jeanne d'Arc, simple
paysanne, se rendit auprès du gouverneur de Vau-
couleurs, en lui annonçant que Dieu l'avait char-
gée de faire lever le siége d'Orléans. On la traita
d'abord de visionnaire; mais après l'avoir entendue, on crut que sa mission était divine; on la
revêtit d'un habit de soldat, et le roi, à qui elle
révéla une chose secrète, lui donna le commandement de l'armée; l'héroïne conduisit le roi à
Rheims, à travers les bataillons ennemis : là Charles fut sacré. Cependant le duc de Bedfort, vaincu à
Orléans, tenta un dernier effort devant Compiègne ;
la malheureuse Jeanne fut prise dans une sortie,
par les Anglais, et brûlée comme sorcière. Le roi
mit le comble à ses succès en se réconciliant avec
le duc de Bourgogne, et dès ce moment, il se
trouva si supérieur aux Anglais, qu'il les força
d'abandonner Paris. Quelques années après, ils ne
possédèrent plus que Calais. Au milieu de sa gloire,

JEAN II PALÉOLOGUE, CONSTANTIN DRAGOSÈS.

MAISON OTTOMANE.

MAHOMET II.

Amurat plaça sur le trône Constantin Dragosès,
fils de Jean : mais Mahomet II, qui succéda à
Amurat, ayant eu à se plaindre de l'empereur,
vint assiéger Constantinople par mer et par terre.
Son armée était de trois cent mille hommes, et sa
flotte de quatre cents galères à trois rangs. Les
Grecs n'avaient que sept mille hommes capables
de porter les armes. Constantin voyant les Turcs
entrer par les brèches, se jette, l'épée à la main,
à travers les ennemis. Tout couvert de sang, il
s'écrie : Ne se trouvera-t-il pas un chrétien qui
m'ôte le peu de vie qui me reste? A l'instant un
Turc lui décharge un coup de sabre sur la tête, un
autre lui en porte un second sous lequel il expire.
Une mort aussi glorieuse est le plus beau des
éloges.

MAHOMET II.

Ce prince, surnommé le Grand, succéda à son
père Amurat I : ambitieux et jaloux de la gloire
des Grecs, il entreprit la conquête de la Turquie
d'Europe. Dans cette vue, il équipa une flotte considérable, avec laquelle il mit le siége devant Constantinople : après une vigoureuse résistance de la
part des Grecs, il s'empara de leur ville, l'an 1453.
Il tourna ensuite ses armes victorieuses contre Scan-

1422.

HENRI VI, DÉTRÔNÉ.

MAISON D'YORK.

ÉDOUARD IV.

Ce prince régna sur la France, sous la tutelle
du duc de Bedfort, et gagna même plusieurs batailles sur le légitime héritier; mais enfin il fut défait et obligé de quitter la France. Richard, duc
d'York, qui brûlait du désir de se faire déclarer
roi, suscita la guerre à l'infortuné monarque, qui
lutta cependant avec avantage contre son compétiteur à la bataille de Wakefield, dans laquelle
Richard perdit la vie. Marguerite d'Anjou, femme
de Henri VI, contribua par son habileté à faire
passer la victoire du côté de son mari. Cependant
le fils de Richard soutenait le parti vaincu; après
beaucoup d'efforts, il parvint à faire prisonnier,
pour la seconde fois, le monarque anglais : la
France, refuge ordinaire des princes malheureux,
reçut celui-ci; mais tombé une troisième fois entre
les mains de ses ennemis, il fut assassiné. C'était
un prince faible, mais vertueux et digne d'un meilleur sort.

SIGISMOND, ALBERT, FRÉDÉRIC III,
LE PACIFIQUE.

On sait peu de chose digne d'être rapporté sur
le règne du prince Albert, sinon qu'il fit la guerre
avec succès aux Turcs.

Frédéric III, élu empereur, se livra malheureusement à son humeur trop pacifique; il en résulta
des guerres civiles. Matthias, frère d'Huniade,
s'empara du trône, et Frédéric se contenta de lui
refuser la couronne de saint Étienne, qu'il avait
entre les mains : alors s'ensuivit une guerre sanglante, et Frédéric ne la termina que par un
traité honteux; il finit, comme il devait finir d'après
son caractère, par aller s'enfermer dans un monastère. Ce fut lui qui érigea l'Autriche en archi-
duché.

Charles ayant appris que le dauphin, son fils, avait conspiré contre lui, refusa toute nourriture, et mourut peu de temps après. Les historiens louent sa valeur; mais ils blâment le relâchement de ses mœurs.

derberg, roi d'Albanie, qui l'avait défait enfplusieurs rencontres : il passa en même temps le Danube; mais partout il trouva une vigoureuse résistance. Le célèbre général Huniade commandait les chrétiens, que le zèle de saint Jean Capistran animait au combat : pour cette fois, Mahomet fut défait; mais après la mort d'Huniade, il acheva de détruire l'empire grec, par la prise de Sinople et de Trébisonde : cette dernière ville était le siége d'un empire fondé en 1204, par les Comnènes. Le dernier rejeton de cette race, nommé David, périt, suivant l'ordre du vainqueur, auquel l'histoire reproche mille autres cruautés. Depuis long-temps, Mahomet avait formé le dessein de s'emparer de l'île de Rhodes; mais la vigoureuse résistance des chevaliers de Saint-Jean de Jérusalem, animés par Pierre d'Aubusson, leur grand-maître, força l'armée des infidèles à se retirer. Mahomet se vengea toutefois sur l'Italie; douze mille habitans de la Calabre furent passés au fil de l'épée L'Europe et l'Asie frémissaient, quand une colique délivra le monde de l'Attila mahométan.

1462.

LOUIS XI, FILS DE CHARLES VII.
MARGUERITE D'ÉCOSSE. CHARLOTTE DE SAVOIE.

Les manières qu'affecta Louis XI en montant sur le trône lui aliénèrent le cœur de ses sujets. Ingrat envers ceux qui avaient servi son père, Louis leur ôta leurs charges, pour en revêtir des

HISTOIRE D'ESPAGNE.

FERDINAND V, ISABELLE.

Ferdinand V, le Catholique, fils de Jean II, roi d'Aragon, épousa Isabelle, sœur de Henri IV, l'Impuissant, roi de Castille : la réunion de ces deux couronnes fut, en peu de temps, celle de toute l'Espagne : cependant il fallait enlever aux Maures le royaume de Grenade, un des plus beaux de la péninsule; ce projet occupa les premiers loisirs de Ferdinand et d'Isabelle; le siége en fut long, puisque

1462.

MAISON D'YORK.
ÉDOUARD IV, ÉDOUARD V.

Édouard IV succéda à Henri VI, qu'il avait détrôné, et il affermit son autorité par les conseils du comte de Warwick. Son couronnement fut la première étincelle des guerres civiles entre les maisons d'York et de Lancastre, dont la première

FRÉDÉRIC III, LE PACIFIQUE.

ESPAGNE.

ce ne fut qu'après huit ans de peines et de combats que la ville fut emportée (1492). L'Espagne alors ne forma plus qu'un royaume. Afin de détruire l'hérésie que nécessairement la religion de Mahomet avait dû laisser subsister, Isabelle établit le tribunal de l'inquisition ; malheureusement Torquemada son confesseur, nommé grand inquisiteur, fit, dans l'espace de quatre ans, le procès à soixante mille personnes, dont plus de quatre mille furent brûlées vives. Les Portugais s'étaient illustrés depuis un demi-siècle par leurs courses maritimes. Un homme d'un génie supérieur à tous les navigateurs connus jusqu'a-

gens de néant : ainsi, il créa son médecin chancelier, son barbier ambassadeur, et son tailleur fut
élevé au grade de héraut d'armes. Les Français
ne tardèrent pas à se révolter contre un prince injuste, à qui la superstition semblait servir de prétexte pour couvrir les plus horribles vexations.

Charles le Téméraire, fils de Philippe le Bon,
duc de Bourgogne, se déclara chef de la ligue formée contre Louis, sous le nom de ligue du
bien public. Les ducs de Berri, frère du roi, et
celui de Bretagne y entrèrent aussi, et livrèrent
à Louis la bataille de Montlhéry. Ils ne mirent bas
les armes que lorsqu'ils eurent obtenu du monarque la Normandie pour son frère, plusieurs places
de la Picardie pour le duc de Bourgogne, et pour
le duc de Bretagne le comté d'Étampes : telles
furent les clauses du traité de Conflans, auxquelles
Louis se prêta, dans l'espérance que ses intrigues
lui feraient recouvrer ses concessions : en effet,
il dépouilla peu après les princes qu'il venait d'enrichir : cependant la guerre civile aurait couronné
ses fourberies, s'il n'eût attiré Charles le Téméraire à Péronne, pour y avoir avec lui une entrevue, tandis qu'il excitait les Liégeois à se révolter contre ce prince. Mais Charles, aussi rusé que
lui, le retint prisonnier dans Péronne ; il ne lui
laissa la liberté que lorsqu'il lui eut fait signer un
traité honteux, et qu'il l'eut contraint à marcher
contre ces mêmes Liégeois qu'il avait fait révolter.
Le duc de Bourgogne étant mort en 1477, laissant pour héritière sa fille Marie, qui épousa Maxi-

ESPAGNE.

lors, Christophe Colomb, persuadé qu'il découvrirait un nouveau monde à travers l'Océan atlantique,
communiqua à plusieurs cours le désir qu'il aurait de passer avec un équipage dans ces régions : on
traita son projet de chimère ; mais Isabelle, plus confiante, fournit à Colomb les moyens de l'exécuter,
et le créa grand-amiral des mers qu'il découvrirait, ainsi que vice-roi perpétuel des pays qu'il soumet-
trait. Il partit donc du port de Palos en Andalousie, sur trois caravelles, avec un équipage de quatre-
vingt-dix hommes.

portait le nom de la Rose Blanche, et la seconde celui de la Rose Rouge. Ces deux partis firent de toute l'Angleterre un théâtre de cruautés. Pendant que Warwick négociait le mariage de son maître avec Bonne de Savoie, belle-sœur de Louis II, Édouard vit Élisabeth Woodvile, fille du baron de Rivers, et en devint amoureux. Cependant, il n'en put jamais obtenir que ces paroles qui dénotent une vertu à l'épreuve : *Je n'ai pas assez de naissance pour être reine, et j'ai trop d'honneur pour m'abaisser à être maîtresse.* Édouard la fit toutefois couronner, sans en rien communiquer à Warwick : le ministre outragé chercha à se venger; mais il n'y réussit que pour un temps; Édouard, qu'il avait détrôné, recouvra ses états et les gouverna jusqu'en 1483. Louis II qui le redoutait, acheta de lui la paix pour neuf ans. Édouard qui avait commencé son règne en héros, le finit en débauché. On lui impute la mort de son frère, le duc de Clarence.

ÉDOUARD V, fils d'Édouard IV.

Ne survécut à son père que de deux mois. Il n'avait que onze ans lorsqu'il monta sur le trône. Richard, duc de Glocester, tuteur du jeune prince, et de son frère Richard, résolut de les faire périr tous deux, et les fit enfermer à la tour de Londres, en 1483. Après s'être défait de ses neveux, Richard usurpa la couronne. Ce fut sous le règne d'Élisabeth qu'on retrouva dans une chambre dont

ESPAGNE.

Après de longues vicissitudes, il aborda à San-Salvador et aux Antilles ; l'Espagne le combla d'honneurs à son retour. Cependant, telle est l'inconstance de l'esprit humain, ce même homme, à qui le roi et la reine avaient donné tant de marques de confiance et d'estime fut accusé, auprès d'eux, et disgracié sur de simples soupçons. On le vit donc revenir d'Amérique en Europe chargé de chaînes ; le peuple, indigné d'une si horrible injustice, parvint à diminuer les préventions de Ferdinand et d'Isabelle. Colomb fut réhabilité ; mais ses ennemis lui ravirent la gloire qui lui était si justement due, de donner son nom au continent dont la découverte lui avait coûté tant de fatigues et de peines. Ils en revêtirent un aventurier de Florence, nommé Améric Vespuce, qui avait fait un voyage dans les nou-

milien d'Autriche. La Bourgogne cependant revint à la France par le traité d'Arras. La guerre avec l'Autriche fut terminée; mais la mauvaise santé du roi l'empêcha de jouir de la paix, dont un des avantages fut la conclusion du mariage du dauphin avec Marguerite d'Autriche. Louis XI mourut au château du Plessis-les-Tours. Toute sa dévotion consistait dans la crainte d'une âme basse et servile; toujours couvert de reliques et d'images, portant à son bonnet une Notre-Dame de plomb, il lui demandait pardon de ses assassinats, et en commettait toujours de nouveaux. Il avait des talens, du courage, il connaissait les hommes et les affaires.

1483.

CHARLES VIII, FILS DE LOUIS XI. MARGUERITE D'AUTRICHE. ANNE DE BRET.

Charles VIII n'avait que treize ans lorsqu'il succéda à son père : au défaut d'âge se joignait celui d'éducation. Louis XI ne lui avait fait enseigner que cette maxime : Qui ne sait pas dissimuler, ne sait pas régner. Anne de Beaujeu, sa sœur, gouverna pendant sa minorité avec une sagesse et une habileté rares. Marguerite d'Autriche étant morte, madame de Beaujeu négocia le mariage de son frère avec Anne de Bretagne, qui devait laisser son duché à la France après sa mort. Charles ayant pris en main les rênes du gouvernement, et voyant la France tranquille, songea

BAJAZET II.

Fils de Mahomet, lui succéda. Zizim, son frère, lui disputa la couronne ; mais il fut obligé de céder au légitime héritier. Bajazet II enleva quelques terres aux Vénitiens : il fut moins heureux dans la descente qu'il fit en Égypte : les Janissaires, gagnés par son fils Sélim, le forcèrent d'abdiquer. Afin de mieux assurer son usurpation, Sélim fit crever les yeux à son père.

ESPAGNE.

velles contrées. Gonzalve de Cordoue fut un des plus fermes appuis du trône de Ferdinand : il l'aida à repousser les Français du royaume de Naples ; aucune difficulté ne rebutait son courage; aussi fut-il surnommé le grand capitaine; mais comme la gloire donne plus de jaloux que d'admirateurs, Gonzalve, après la conquête du royaume de Naples, fut calomnié auprès de Ferdinand ; ce prince, soupçonneux parce qu'il trompait souvent les autres, ajouta foi aux dépositions qui lui furent faites, et retira une partie de sa confiance à l'homme qui lui avait consacré le repos de sa vie; Isabelle, plus juste que son époux, fit

la porte était murée , les deux petits squelettes
d'Édouard V et de son frère Richard.

1483.

RICHARD III , HENRI VII.

RÉUNION DES DEUX ROSES.

Richard III ne jouit que deux ans et demi de
son usurpation. Il se trouva dans le parlement des
hommes assez lâches pour avancer que ses droits
au trône, étaient incontestables ; et le duc de
Buckingham, qui osa s'élever contre ces faussetés,
fut arrêté et décapité.

Henri , comte de Richemont, seul rejeton qui
restât de la Rose-Rouge , parut après lui , et fut
plus heureux. Tout le pays de Galles s'arma en sa
faveur. Richard III et Richemont combattirent
à Bosworth ; le premier, voyant que plusieurs des
siens passaient dans le camp ennemi, se jeta comme
un furieux au milieu de leurs rangs , et y trouva

FRÉDÉRIC III, MAXIMILIEN Ier.

Maximilien Ier, fils de Frédéric III, fut élu roi
des Romains en 1486. Il signala les commencemens de son règne par des avantages remportés sur
les Français , qui lui accordèrent en pleine souveraineté, l'Artois , le Charolais et d'autres provinces ; son mariage avec Marie , héritière du comté
de Flandre , le mit en possession de ce beau pays.
Charles VIII s'était emparé du royaume de Naples,
et Maximilien, jaloux de cette conquête, parvint à
le lui arracher. Il épousa en secondes noces, Blanche , fille de Galéas, Marie Sforce. Cette alliance
n'était pas illustre, mais elle était très-avantageuse
par rapport aux nombreux trésors que le duc de
Milan avait donnés à sa fille. L'empereur entra

ESPAGNE.

tout ce qui dépendait d'elle pour adoucir le chagrin du grand capitaine. Ferdinand, appelé en Espagne
et en Italie le Sage , le Pieux , le Prudent, ne fut pas si honorablement qualifié des Français. On ne
peut cependant lui refuser d'avoir été un des plus grands princes de son temps. Ce monarque fin ,
souple , éclairé, mourut en 1515 , d'une hydropisie causée par un breuvage que sa seconde femme,
Germaine de Foix, lui avait donné. Les Juifs furent bannis d'Espagne : Isabelle était morte l'an 1505. On
lui a reproché d'avoir été dure , fière et jalouse de son autorité ; mais ces qualités réfléchies n'étaient

à une conquête éloignée , c'était celle du royaume
de Naples, possédé par un prince de la maison
d'Arragon. Un mois suffit pour mettre fin à cette
expédition; mais Maximilien et Ferdinand, roi d'Espagne , se liguèrent avec les princes d'Italie pour
chasser les Français du royaume de Naples. Charles reprend le chemin de ses états accompagné de
huit mille hommes ; les alliés s'étaient retranchés
à Fournoue , dans un poste avantageux , le roi de
France accepta la bataille. Malgré leur courage,
les Français allaient être obligés de céder au
nombre, lorsque la cavalerie ennemie sortit de ses
rangs, attirée par l'appât du pillage. Cette faute
lui devint funeste ; elle fut en peu de temps taillée en pièces : l'action ne dura qu'une heure. Cette
brillante victoire termina le règne de Charles VIII :
il mourut subitement à Amboise , dans de grands
sentimens de piété. Il était si tendrement aimé de
ses domestiques, que deux d'entre eux tombèrent
morts en apprenant qu'il venait d'expirer.

1498.

VALOIS ORLÉANS.
LOUIS XII.
DUC D'ORLÉANS, ARRIÈRE-PETIT-FILS DE CHARLES V.
JEANNE DE VALOIS. **ANNE** DE BRET.

MARIE D'ANGLETERRE.

La mort de Charles VIII fit passer la couronne
sur la tête de Louis XII. L'humeur bienfaisante
de ce prince ne tarda pas à éclater. Louis de la
Trémouille, qui l'avait fait prisonnier à la bataille

SÉLIM I.

Fit la guerre aux Musulmans, et détruisit leur
domination en Égypte. Elle avait duré deux cent
soixante ans depuis la mort du sultan qui avait fait
saint Louis prisonnier. Sélim fut l'horreur de ses
sujets ; il trempa ses mains dans le sang de son
père , de deux de ses frères et de huit de ses
neveux. Il mourut à Sandaly.

ESPAGNE.

pas des défauts dans les vues de la reine ; elles furent aussi utiles à sa patrie que ses vertus. Il fallait une
telle princesse pour humilier les grands sans les révolter, pour conquérir Grenade , sans attirer toute
l'Afrique en Espagne.

Elle ne laissa d'autre héritier après elle que sa fille Jeanne la Folle. Elle la maria à Philippe , archiduc d'Autriche et père de Charles-Quint. Ce Philippe était le prince le mieux fait et le plus beau de
son temps ; mais il s'en fallait bien qu'il eût le génie de son beau-père pour le gouvernement ; il est

une mort plus glorieuse, qu'il ne le méritait. Cette journée mit fin aux désolations dont la Rose-Rouge et la Rose-Blanche avaient rempli l'Angleterre. Le comte de Richemont, couronné sous le nom de Henri VII, réunit par son mariage avec la petite-fille d'Édouard IV, les droits des maisons de Lancastre et d'York. Richard III fut le dernier roi de la race des princes d'York, ou Plantagenet.

HENRI VII. Ses ennemis firent jouer mille ressorts pour le faire descendre du trône ; mais ils ne purent y parvenir. Un juif nommé Perkin, et un boulanger nommé Simmel, essayèrent de se faire passer pour héritier de la couronne ; le dernier finit sa vie dans la cuisine du roi, l'autre périt sur l'échafaud. Le monarque anglais avait su vaincre ses ennemis, et dompter les rebelles ; il sut gouverner avec sagesse, et fut surnommé le Salomon de l'Angleterre.

aussi dans la ligue de Cambray, dont le pape Jules II fut le moteur. Cette ligue, à laquelle se joignirent le roi d'Espagne, celui de France, et Marguerite, gouvernante des Pays-Bas, avait pour but de diminuer le pouvoir de la république : en effet on leur enleva quantité de villes. L'armée impériale fut obligée de lever le siége de Padoue. Ce mauvais succès détourna Maximilien de son entreprise : il servit en qualité de volontaire au siége de Térouane, il relisait souvent son livre rouge. Ce livre contenait toutes les mortifications que la France lui faisait essuyer ; il se mit sur les rangs des prétendans à la papauté, croyant que s'il obtenait la tiare, il rétablirait l'aigle impériale en Allemagne. Il ne s'en cacha pas au souverain pontife, qui ne fit pas grand cas de ses réclamations. Il mourut l'an 1519.

1498.

HENRI VII, HENRI VIII.

Henri VIII dissipa un trésor immense, que lui avait laissé son père, pour subvenir aux frais que lui occasiona une guerre contre la France ; il s'empara de Térouane et de Tournay : il fallut, pour obtenir la paix, que Louis XII épousât Marie, sœur de Henri, et qu'il payât la dot de sa nouvelle épouse. Henri VIII, après s'être ligué avec Maximilien contre les Français, s'unit ensuite avec eux, contre cet empereur ; puis de rechef

MAXIMILIEN Ier.

ESPAGNE.

vrai qu'une mort prématurée ne lui laissa pas le temps d'acquérir l'expérience si nécessaire aux souverains. Il mourut dix ans avant Ferdinand, auquel de droit, il devait succéder, puisque, par son mariage, il était héritier de la couronne d'Espagne. Ce fut le premier prince du nom de Philippe en Espagne.

de Saint-Aubin, craignait son ressentiment : « Ce
n'est pas, répondit Louis, au roi de France à venger les querelles du duc d'Orléans. » Guerrier par
caractère, il jeta les yeux sur le Milanais : il avait
en effet des droits sur ce pays par son aïeule Va-
lentine de Visconti, mariée à un duc de Milan.
Cette conquête ne lui coûta que quelques semai-
nes. Énorgueilli par ce brillant succès, Louis XII se
ligua avec Ferdinand le Catholique pour reprendre
le royaume de Naples ; après l'avoir conquis presque seul, Louis le partagea avec son allié, qui,
moins délicat, profita de son départ pour s'emparer de la part échue à ce prince. Gonzalve de Cordoue chassa entièrement les Français du royaume
de Naples : sur ces entrefaites, Louis eut à combattre les Vénitiens qu'il défit à Rignadel ; mais
ceux même qui s'étaient alliés avec lui se rangè-
rent du parti de ses ennemis. Une nouvelle victoire
vint encore couronner les armes françaises ; le duc
de Nemours gagna la bataille de Ravenne, mais il
y trouva la mort : Henri VIII, pour combler les
malheurs de la France, prit Térouane et gagna la
bataille de Guinegate, dite la journée des Éperons;
elle amena la paix. Louis XII mourut bientôt
après : on lui a donné le titre de père du peuple ;
malheureux au dehors, il fut heureux au sein de
ses états. C'est sous ce règne que la Bretagne fut
réunie à la couronne, par le mariage de Louis
avec Anne.

ESPAGNE, FERDINAND V.

avec Maximilien , contre la France. Son zèle pour
réfuter les erreurs de Luther lui valut le titre de
défenseur de la foi. Il ne le mérita pas long-temps,
car, s'étant laissé séduire par les charmes d'une
jeune Anglaise nommée Anne de Bouleyn, il répudia, pour l'épouser, Catherine d'Arragon : le pape
Clément VII l'excommunia ; Henri irrité se déclara aussitôt chef de l'église anglicane, et se livra à des désordres sans nombre. Anne de Bouleyn
ne fut pas la seule qui sut le captiver ; Anne de
Clevès, Catherine Howard , Catherine Part , et
Jeanne Seymour, partagèrent ses faveurs et res-
sentirent les effets de sa cruauté. Les dernières années du règne de Henri furent remarquables par
ses démêlés avec la France ; bizarres dans ses
guerres comme dans ses affections , il s'était ligué
avec Charles-Quint contre la France, et enfin de
rechef contre celui-ci avec le monarque français.
Il prit Boulogne, et mourut l'année d'après , âgé
de cinquante-sept ans , après en avoir régné trente-
huit. On prétend que , sur le point de mourir , il
s'écria en regardant ceux qui étaient autour de lui :
« Mes amis, nous avons tout perdu, l'état, la renom-
mée, la conscience et le ciel. » Il appela au trône ,
en mourant , Édouard VI , fils de Jeanne Seymour ; puis Marie, fille de Catherinne d'Arragon,
et Élisabeth fille d'Anne, de Bouleyn. Il est peu
de vices que la postérité n'ait à reprocher à ce
prince. Il perdit dans les plaisirs le temps qu'il
aurait dû employer aux affaires du gouvernement :
une confiance aveugle dans ses ministres le réduisit à être , durant la moitié de son règne , le

ESPAGNE, FERDINAND V.

1515.

FRANÇOIS Iᵉʳ, COMTE D'ANGOULÊME, ISSU DE CHARLES V.

CLAUDE DE FRANCE, ÉLÉONORE.

Fils du comte d'Angoulême et de Louise de Savoie, avait épousé Claude, fille de Louis XII, après la convocation des états à Tours. La bataille de Marignan, gagnée sur les Suisses, en 1515, le mit en possession du Milanais : Charles-Quint voulut arrêter ses progrès. Mais l'Italie entière se ligua avec les Français ; le pape fut trop heureux d'obtenir une entrevue à Bologne, où le roi lui accorda l'abolition de la pragmatique. Ce fut vers cette époque que Maximilien mourut ; Charles-Quint lui succéda. Alors la guerre recommença avec fureur. La révolte du connétable de Bourbon amena la bataille de Rebec ; Bayard, le fameux chevalier, y périt ; elle fut suivie du désastre de Pavie ; François y demeura prisonnier, et n'obtint sa liberté qu'à des conditions dont la rigueur lui servit de prétexte pour en éluder l'observation. Il se hâta même de reprendre les armes; cette démarche ne lui concilia pas l'estime des puissances de l'Europe. Toujours tenté du titre de de duc de Milan, malgré l'empereur, François passe encore en Italie, et s'empare de la Savoie ; de son côté, Charles-Quint assiége Marseille ; mais

SÉLIM Iᵉʳ. SOLIMAN II.

Soliman II le Magnifique. La Syrie se révolta et entraîna l'Égypte dans sa rébellion. Soliman prit Bellegarde, et soumit les deux peuples révoltés : il tourna ses armes contre l'île de Rhodes possédée par les chevaliers de Saint-Jean de Jérusalem ; mais ne pouvant se rendre maître de la citadelle, il abandonna son entreprise, et vint assiéger Vienne, où il ne fut pas plus heureux. Résolu pourtant de réparer cet échec, il s'en vengea sur l'île de Chio, qui appartenait aux Génois, gâgna en Hongrie la bataille de Moak, et périt au siége de Segette. On le compare à Charles-Quint pour la bravoure ; mais il ternit sa gloire par sa cruauté.

ESPAGNE.

CHARLES - QUINT.

Après la mort de Ferdinand V le Catholique, la couronne d'Espagne avait passé sur la tête de Charles V, fils de Jeanne, et son petit-fils. En attendant que le jeune prince pût prendre en main les rênes de l'état, le roi défunt les avaient confiées au cardinal Ximénès, dont la fermeté ne contribua pas peu à maintenir les Espagnols dans l'obéissance à leur souverain. Tandis que Charles-Quint gouvernait l'Allemagne avec autant de prudence que d'habileté, la marine espagnole enrichissait la péninsule.

jouet de leurs passions ou la victime de leurs intérêts; il ruina enfin ses sujets, par des profusions
criminelles et extravagantes.

1515

HENRI VIII.

FEDINAND V, CHARLES V.

Charles-Quint, fils de Philippe archiduc d'Autriche et de Jeanne la Folle, fille de Ferdinand V
et d'Isabelle, fut couronné roi d'Espagne en 1516,
et empereur d'Allemagne en 1520. La jalousie
qu'en conçut François I alluma la guerre entre
les deux rois ; elle ne se termina qu'à la mort du
monarque français. Dans l'espoir d'abattre son ennemi, l'empereur mit dans ses intérêts le roi
d'Angleterre, Henri VIII ; le connétable de Bourbon se joignit à eux et vint attaquer Marseille;
cette ville résista aux efforts des impériaux. Peu
après se donna la bataille de Pavie, où François Ier
fut pris. Charles-Quint, alors à Madrid, reçut son
prisonnier avec beaucoup d'égards, et dissimula
sa joie, il défendit même les réjouissances publi-
ques, alléguant pour raison que des chrétiens ne
doivent se réjouir que des victoires remportées sur
les infidèles ; cette modération fait son éloge.
Charles victorieux aurait pu facilement passer en
France ; mais il se contenta de conclure un traité
que François se garda bien, une fois libre, d'ob-
server : il se ligua même contre son vainqueur
avec les Suisses et les Florentins. Rome fut prise
par les impériaux ; les horreurs qu'ils commirent
dans cette ville causèrent un vrai chagrin à l'em-

ESPAGNE.

Fernand Cortez, parti en 1518, avec dix vaisseaux et six cents hommes, aborda à Mexico, l'an 1520.
Les Espagnols s'étant fait ouvrir le grand temple, le trouvèrent tout barbouillé de sang humain, et
décoré d'ossemens, restes des infortunés qu'on immolait aux divinités. Cortez, indigné, écrivit à Charles V : Je fais nettoyer les chapelles où se faisaient les sacrifices humains, j'y place des images, et je
rends ces chapelles des lieux catholiques. Cependant Montézuma, prince indien, fut très affecté de
ce changement ; il essaya d'en tirer vengeance; mais Cortez usa de rigueur envers ses troupes ; et l'ayant

il en est repoussé , alors François s'unit avec Soliman II ; mais cette alliance avec un prince mahométan excite les murmures de l'Europe chrétienne , sans lui procurer aucun avantage. L'an
1544 le duc d'Enghien , qui était passé dans le
Piémont , battit l'armée impériale à Cérizale et
se rendit maître du Montferrat. La France se
promettait encore bien d'autres avantages, lorsque
Henri VIII et Charles-Quint, ligués contre elle ,
détruisirent ses espérances en pénétrant dans la
Picardie et la Champagne. La mort ne tarda pas
non plus à terminer des querelles aussi anciennes
que le règne même du monarque , elle le frappa
dans la cinquante-deuxième année de son âge. Il
fut plus brave chevalier que grand prince. Il eut
plutôt l'envie que le pouvoir d'abaisser Charles-
Quint , son rival de gloire , mais plus heureux ,
plus puissant , plus circonspect que lui.

ESPAGNE. CHARLES V.

pris lui-même , il le força à se reconnaître vassal de l'empereur. Le prince obéit , et ajouta six cent
mille marcs d'argent à cet hommage. Guatimoza, gendre de Montézuma, s'étant fait déclarer roi
après la mort de son beau-père , fut cruellement maltraité par les Espagnols ; ils l'étendirent sur des
charbons ardens , pour l'obliger à découvrir le lieu de ses trésors ; les ennemis mêmes de Cortez di-
sent qu'il fit repentir ses soldats d'une si horrible cruauté. Les habitans du Mexique devenus Espagnols,
l'instruisirent de la vraie religion, et cultivèrent avec succès les arts et les lettres , qui jusques là n'a-

pereur; il ordonna des prières expiatoires, et replaça Clément VII sur le trône pontifical ; ensuite il tourna ses armes contre l'Afrique. Sa première conquête en ce pays fut la prise de la Goulette ; de là il se rendit à Tunis, où mille esclaves chrétiens lui durent la liberté : le fameux corsaire Barberousse fut contraint, par la force des armes impériales, de rétablir sur le trône Mulei-Hassem.

Cependant les affaires d'Europe requéraient la présence de Charles ; il y repassa, et signa une trève avec la France ; mais à peine était-elle expirée qu'il reprit les armes. La bataille de Cérizale, quoiqu'à l'avantage des Français, leur coûta pourtant beaucoup de monde. Protecteur de la religion dans ses états d'Espagne et d'Allemagne, Charles-Quint ne demeura pas neutre dans les troubles qu'occasionnèrent les erreurs de Luther, mais tous ses efforts ne purent en arrêter les progrès. Depuis long-temps dégoûté des grandeurs, l'empereur méditait d'abdiquer le sceptre. Il résigna en effet celui d'Espagne entre les mains de Philippe II son fils, et donna ses états d'Allemagne à Ferdinand son frère. Quelques auteurs ont imaginé que les revers qu'avait essuyés Charles au siége de Metz, l'avaient engagé dans cette sérieuse démarche ; mais l'édification qu'il donna jusqu'à sa mort aux personnes qui vécurent avec lui dans le monastère de Saint-Just, sont une preuve non équivoque, que le seul désir de son salut l'y avait conduit.

ESPAGNE. CHARLES V.

vaient point fixé leur attention. Une découverte non moins importante que le Mexique, fut celle du Pérou. Pizarre, plein de cette audace et de ce courage opiniâtre qui caractérise les grandes entreprises, partit avec plusieurs vaisseaux, dans le dessein d'enrichir son pays, et, l'an 1525 il aborda dans l'île de Puna, dépendante du Pérou, et qui lui ouvrit l'entrée de cette riche contrée. A son arrivée il trouva les Péruviens divisés. Le roi alors régnant, Atta-Hualpa, était en guerre avec son frère Huescar, qui lui disputait le trône. Pizarre, sous prétexte de seconder les forces de ce dernier, assemble des trou-

HENRI II, FILS DE FRANÇOIS Ier.
CATHERINE DE MÉDICIS

Lors de l'avénement de Henri II au trône, la France était en guerre avec l'Angleterre ; elle se termina par une paix avantageuse que conclut Henri ; Boulogne fut aussi restituée à la France. L'année qui suivit le couronnement du nouveau roi est célèbre par la ligue formée en faveur des protestans d'Allemagne, entre Henri II, Maurice électeur de Saxe, et Albert marquis de Brandebourg, tous trois réunis contre Charles-Quint. Ce prince ayant accommodé les souverains d'Allemagne, Henri resta seul de la ligue, et se vit contraint à de grands sacrifices pour subvenir aux frais d'une guerre si ruineuse. Charles-Quint parut devant Metz avec une armée de cent mille hommes. Le duc de Guise, secondé par toute la haute noblesse de France, défendit si vaillamment cette ville, que l'empereur fut obligé de se retirer ; mais il se vengea sur Térouane, qu'il détruisit de fond en comble. Le monarque français prit cependant sa revanche dans le Brabant, le Hainaut et le Cambresis, mais il eut le dessous à Marciano en Toscane. Le siége de Metz, suivi de l'abdication de Charles-Quint, fut un des événemens les plus remarquables de ce temps. Henri, délivré des armes de l'empereur, tourna les siennes contre Philippe II, qui, s'étant uni à l'Angleterre, faisait marcher en Picardie une armée commandée par Philibert, duc de Savoie, l'un des plus fameux capitaines de son siècle. La bataille de Saint-Quentin s'engagea près de la ville de ce nom : l'armée française y fut

SOLIMAN II.

ESPAGNE. CHARLES V.

pes, et s'empare du malheureux Atta-Hualpa, qu'il condamne à mort ; mais à qui il promet sa grâce, s'il veut embrasser le christianisme. L'Inca, vaincu par l'effroi, consent à recevoir le baptême ; mais à peine cette solennelle cérémonie venait-elle d'être achevée, qu'on l'attacha à un poteau, où il fut étranglé. Il paraît qu'Atta-Hualpa avait fait assassiner son frère Huescar, qu'il craignait de voir

ÉDOUARD VI. MARIE ÉLISABETH.

Édouard , fils de Henri VIII et de Jeanne Seymour , n'avait que dix ans lorsqu'il parvint au trône : le rôle qu'il joua fut court et sanglant. Ses ministres corrompirent les heureuses qualités qui parurent d'abord en lui. L'archevêque de Cantorbéry Crammer fut un de ceux qui y contribuèrent le plus. Par ses insinuations , la messe fut abolie, les images brisées, la religion romaine proscrite, et le sang des catholiques largement répandu. Les différentes sectes de Zuingle , Luther et Calvin , composèrent dès lors la religion anglicane.

Marie, fille de Henri VIII et de Catherine d'Arragon , en montant sur le trône , commença son règne par un acte de cruauté, en faisant mourir sa cousine Jeanne Gray, qu'Édouard VI avait déclarée son héritière: l'époux, la mère et le beau-père de l'infortunée Jeanne subirent aussi la mort pour le même motif. Une telle conduite dans une princesse qui, pour rétablir la religion catholique , épousa Philippe II , sera blâmée par ceux à qui une péité éclairée ne fait qu'employer les moyens doux et insinuans , plus capables de gagner les cœurs et de ramener les esprits égarés , que la rigueur et les exécutions. Il paraît cependant que le caractère de Marie contrastait avec les moyens violens. Attentive à augmenter la puissance de son époux, elle le secourut dans la guerre qu'il eut à soutenir contre la France , et sa flotte décida la victoire de Graveline : elle allait en équiper une seconde, mais la mort ne lui en laisssa pas le temps.

CHARLES V , FERDINAND.

Ferdinand, frère de Charles-Quint , et fils de l'archiduc Philippe Ier, monta l'an 1558 sur le trône d'Allemagne : par son mariage avec Anne , fille de Ladislas , roi de Hongrie et de Bohême , il crut avoir des droits incontestables sur ces royaumes et s'en fit reconnaître roi. Le pape Paul IV , qui avait rejeté l'abdication de Charles-Quint , refusa de reconnaître Ferdinand ; mais Pie IV, son successeur , ne crut pas devoir tenir la même conduite, et approuva l'élection de Ferdinand. Ce prince sage et modéré voulut donner la paix à l'Église, mais il ne connaissait pas l'esprit des sectaires. Il fit une trève de huit ans avec le Turc , et termina les différends qui s'étaient élevés entre les rois de Suède et de Danemarck. Il mourut âgé de soixante-un ans. Son testament, par lequel il appelait ses filles à la succession de Bohême et de Hongrie , au défaut des héritiers de ses fils, a jeté de loin la semence des guerres qui troublèrent l'Europe pendant deux cents ans. Le sens du testament ne regardait que ses filles et non leurs enfans. Cela était bien clair aux yeux de tout homme qui ne raisonne pas d'après la logique des cours : et si on l'eût bien compris , la maison de Bavière n'aurait pas élevé ses prétentions , en 1740 , au sujet du mariage d'Anne , fille de Frédéric Ier , avec Albert V , duc de Bavière.

ESPAGNE. CHARLES V.

monter sur le trône. Pizarre, ainsi maître de la couronne du Pérou et de ses immenses richesses, nomma un des descendans des princes défunts, non pour gouverner, il se réserva ce droit, mais pour porter le titre de roi. Bientôt les peuples de ces contrées ne sachant plus à qui obéir, formèrent à part des sociétés , et ils auraient infailliblement chassé les Espagnols , dont la tyrannie leur devenait tous les jours

complétement défaite ; les vainqueurs ne perdirent
que quatre-vingts hommes. Le connétable de
Montmorency et plusieurs autres chefs y furent
faits prisonniers. La France, plongée dans le deuil,
se consola bientôt par la prise de Calais , que le
duc de Guise enleva aux Anglais , ainsi que Gui-
nes et Thionville. Le duc de Nevers prenait en
même temps Charlemont, et le maréchal de Ther-
mes faisait rentrer Dunkerque sous l'obéissance de
Henri. La paix conclue à la suite de ces événemens amena le mariage d'Élisabeth , fille de
Henri , avec Philippe II, et celui de Marguerite
sa sœur avec le duc de Savoie. Les fêtes données
à cette occasion furent funestes à la France; Henri,
blessé dans un tournois par le comte de Mont-
gomery , mourut de sa blessure. Bon par caractère , Henri avait de l'inclination pour la justice ;
mais sa faiblesse fut cause de tout le mal que commirent ceux qui le gouvernaient. Il est le premier
de nos rois qui ait fait inscrire son nom sur la monnaie.

ESPAGNE. CHARLES V.

plus insupportable , sans le secours d'Almagro, rival et compagnon de Pizarre , qui lui prêta main-
forte. Beaucoup d'officiers et de soldats, devenus de grands seigneurs par les immenses richesses qu'ils
avaient enlevées en ce pays , retournèrent en Europe pour en jouir. Les deux conquérans Pizarre et
Almagro périrent assassinés par suite des factions espagnoles en ces nouvelles contrées. Charles-
Quint, afin de s'assurer la conquête du Pérou , y envoya Gasca, homme habile autant que modeste ,
qui y rétablit la tranquillité , et reçut de l'Espagne des louanges méritées.

Élisabeth, fille de Henri VIII et d'Anne de Boulen, avait profité du temps où sa sœur l'avait retenue en prison, pour orner son esprit ; mais de tous les arts, celui dans lequel elle se rendit le plus habile, fut la dissimulation. Pour ne pas effaroucher les esprits, elle se fit couronner par un évêque catolique ; mais ensuite, forte de sa politique, et protestante dans le cœur, elle ne tarda pas à établir cette religion par le fer et par le feu. Pour affermir encore davantage son autorité, il fallait qu'elle immolât une illustre victime, Marie Stuart.

La jalousie, d'accord avec la politique, signa la sentence de mort de cette infortunée princesse. Elle était catholique, et douée de tous les charmes extérieurs qui savent si bien captiver les cœurs : c'en était assez pour mériter la haine d'Élisabeth. Un nombre infini de victimes furent immolées avec la reine d'Écosse à l'infernale politique de sa rivale : la dernière tragédie de son règne fut l'exécution du comte d'Essex, qu'elle avait beaucoup aimé ; elle le pleura, dit-on, en le faisant mourir. Philippe II avait tenté, mais vainement, de faire prévaloir les droits de Marie Stuart à la couronne ; les vents et les écueils dispersèrent sa flotte, et combattirent pour Élisabeth. Sous son règne, le commerce anglais étendit ses branches aux quatre coins du monde. Ses manufactures furent établies, et sa police perfectionnée. Élizabeth bannit le luxe dans les habits et les ameublemens. Son ambition et sa cruauté ne pourront empêcher la postérité de lui accorder le génie des plus grands princes.

ESPAGNE. PHILIPPE II.

Ce prince, fils de Charles-Quint et d'Isabelle de Portugal, devint roi de Naples et de Sicile par l'abdication de son père, et roi d'Angleterre par son mariage avec la reine Marie. Il avait contracté un premier mariage avec Marie, fille du roi de Portugal, dont il eut don Carlos, ce fils qui, par la suite, lui causa de si vifs chagrins. La France ayant rompu la trève qui avait été conclue avec l'Espagne du temps de Charles-Quint, Philippe envoya contre elle une armée sous les ordres d'Emmanuel Philibert, duc de Savoie. Après la victoire de Saint-Quentin, Philippe embrassa le vainqueur en témoignage

MARIE STUART. FRANÇOIS II , FILS DE HENRI II.

Quoique le règne de François II n'ait duré que dix-sept mois , cependant il vit éclore tous les maux qui désolèrent la France. François duc de Guise, et le cardinal de Lorraine, oncles du roi , furent mis à la tête du gouvernement. Le prince de Condé et Antoine de Bourbon, roi deNavarre, mécontens de n'avoir pas de part à l'administration , résolurent de se mettre à la tête du parti calviniste , contre les Guises. L'ambition fut la cause de cette guerre, la religion le prétexte, e t la conjuration d'Amboise le premier signal. La Renaudie s'en déclara conducteur, et son audace lui fit trouver la mort dans le premier combat. On défendit cependant aux calvinistes de tenir des assemblées , et leurs délits furent jugés dans une chambre appelée la chambre ardente. On arrêta le prince de Condé, un de leurs chefs principaux , et on le condamna à perdre la tête. Mais il obtiut sa grâce. La mort de François II surprit ceux qui l'approchaient , et l'on soupçonna son médecin, qui était huguenot, de l'avoir empoisonné : ce prince n'était âgé que de dix-se pt ans.

SOLIMAN II.

1560.

CHARLES IX , FILS DE HENRI II.
ÉLISABETH D'AUTRICHE.
Charles n'avait que dix ans lorsqu'il fut sacré à Reims. Comme Catherine de Médicis paraissait

SOLIMAN II, SÉLIM II.
Ce prince était fils de Soliman II, et petit-fils de Sélim Ier. L'année qui suivit son couronnement, il fit une trève de huit ans avec Maximilien II. Il

PHILIPPE II. ESPAGNE,

de sa reconnaissance; mais toutefois il empêcha le duc de marcher sur Paris , disant qu'il ne fallait pas réduire les ennemis au désespoir. Il se repentit peut-être de cette modération quand les Français eurent repris leur revanche , néanmoins elle lui fait honneur. La paix de Cateau-Cambrésis, conclue alors , fut cimentée par le mariage de Philippe avec Élisabeth , fille de Henri II. Les excès auxquels les hérétiques se livrèrent dans les Bays-Bas, dont la duchesse de Parme était alors gouvernante, obligea le roi à substituer , à la douceur du gouvernement d'une femme , la fermeté de celui qu'il espérait du duc

ÉLISABETH.　　　　　　　　FERDINAND Ier.

1560.

ELISABETH.　　　FERDINAND Ier, MAXIMILIEN II.

Maximilien II était fils de Ferdinand Ier, neveu
de Charles-Quint, dont il épousa la fille Marie

ESPAGNE. PHILIPPE II.

d'Albe. Le prince d'Orange, qui avait fomenté la rébellion prit la fuite, afin de se soustraire à la sévérité du duc. Bientôt, à la tête de trente mille hommes, soudoyés par les protestans d'Allemagne, il
rentra dans les Pays-Bas, et en bannit la religion catholique. Jamais on ne combattit avec plus de courage et de fureur. Voltaire a beaucoup exagéré le nombre des rebelles que fit périr le duc d'Albe. Rappelé en Espagne, Don Juan d'Autriche succéda à ce guerrier ; puis vint ensuite ce fils de Charles-
Quint, Alexandre Farnèze, duc de Parme, le plus grand homme de son temps ; cependant, il ne put

10.

craindre pour lui la longue cérémonie du sacre, il lui répondit : « La France vaut bien la peine d'être achetée par un peu de fatigue. » Le roi de Navarre eut sous ce règne la lieutenance du royaume. La régente, partagée entre les deux factions, des Guises et des Bourbons, résolut de les détruire l'une par l'autre, et alluma ainsi la guerre civile. Guise, après la victoire de Dreux, s'avançait vers Orléans, devenu le boulevard de l'hérésie. Condé y commandait, lorsqu'un hérétique assassina le duc.

Charles IX, déclaré majeur à treize ans et un jour, se rendit à Bayonne, où il eut une entrevue avec sa sœur Isabelle, femme de Philippe II, mais sa présence ne pacifia pas les troubles : cependant à Jarnac et à Moncontour, Condé et Coligni furent défaits. La mort du connétable Anne de Montmorency, tué à la bataille de Saint-Denis, aigrit de plus en plus les esprits, et une conjuration vraie ou supposée amena l'affreux massacre de la Saint-Barthélemi.

Comme le nombre des cadavres infectait l'air, on conseilla à Charles de se retirer. « Le corps d'un ennemi mort sent toujours bon, dit-il. » Il ne faut rien ajouter à cette réplique, pour avoir une juste idée du caractère de Charles. Sa mort, arrivée quand il n'avait encore que vingt-quatre ans, délivra la France d'un méchant prince.

confirma aussi le traité fait avec les Vénitiens : mais contre la foi des sermens, il s'arma ensuite contre eux, et leur prit l'île de Chypre, où son général Mustapha exerça des cruautés inouïes, surtout à Famagouste ; il en fut bientôt puni par la perte de la bataille de Lépante : cette défaite consterna Constantinople, et porta Sélim à aller se renfermer avec ses femmes dans le sérail : prince débauché et rempli de vices, il mourut âgé de cinquante-deux ans, l'an 1574.

ESPAGNE. PHILIPPE II.

empêcher la république hollandaise de naître sous ses yeux. Le prince d'Orange, proscrit par Philippe, envoya des manifestes contre ce prince dans toutes les cours d'Europe; mais aucune n'y eut égard. Pendant que les Pays-Bas échappaient à Philippe, il devenait roi de Portugal par les armes du duc d'Albe. Les ressources de ce pays le mirent à même d'équiper une flotte, connue sous le nom d'invincible. Le dessein du roi était de punir Élisabeth des secours qu'elle accordait aux protestans rebelles ; mais cette flotte si magnifique échoua sur les côtes d'Angleterre. Cinquante vaisseaux furent engloutis sur les côtes de France. Cette entreprise coûta quarante millions à l'Espagne. Philippe supporta en héros, un si grand revers. « Je n'avais pas, dit-il, envoyé combattre les vents, mais l'Angleterre. Que la volonté de Dieu soit faite !.. » Dans le même temps que ce prince attaquait l'Angleterre,

d'Autriche. Il fut élu roi des Romains sans aucune opposition. Le grand Soliman assiégeait
en personne Zigeth ; Maximilien, qui n'avait pas
de troupes à lui opposer, ne fit aucun effort pour
l'éloigner : il concourut pour le trône de Pologne
avec Sigismond, fils de Sigismond II ; mais ce ne
fut pas lui qui l'emporta. Du reste, prince juste
et humain, ses sujets dûrent regretter que la mort
l'empéchât de les gouverner plus long-temps.

ESPAGNE. PHILIPPE II.

il animait la ligue en France, contre tous ses principes, mais afin de ne pas laisser monter sur le trône
un prince hérétique. Une maladie horrible s'empara de Philippe, vers l'an 1598. Les plaies do son
corps engendrèrent une grande quantité de vermine, ce qui lui causait d'extrêmes douleurs ; il ne manifesta cependant aucune impatience, et témoigna être résigné à la mort. Il expira âgé de soixante-douze
ans. Il avait eu de sa quatrième femme, Anne d'Autriche, Philippe III. Malgré les guerres presque continuelles que Philippe II eut à soutenir, et tant de millions employés contre les ennemis de l'Espagne,
il trouva dans ses économies de quoi bâtir le superbe palais de l'Escurial, neuf ports de mer, trente
citadelles. C'est à tort qu'on a blâmé la sévérité de ce prince envers son fils don Carlos. Il ne le sacrifia, selon beaucoup d'historiens, qu'après avoir tout employé pour le sauver.

HENRI III , fils de HENRI II , LOUISE de
Lorraine.

Ce prince porta le nom de duc d'Anjou , jusqu'à ce qu'il prît celui de roi de Pologne , lorsque cette couronne lui eut été décerné , après la
mort de Sigismond Auguste. La réputation qu'il
avait acquise par les victoires de Jarnac et de Moncontour avait engagé les Polonais à le choisir
pour roi , mais bientôt il perdit cette réputation
pour ne conserver que celle d'un prince mou et
ami des plaisirs. L'édit de pacification qu'il donna
à son avénement au trône, fit craindre aux catholiques que le calvinisme ne devînt en France la
religion dominante. La mort du duc d'Alençon ,
dernier frère du roi, le fit craindre encore d'avantage , puisqu'en cas de mort de Henri, la couronne devait retourner au roi de Navarre. Il se
forma alors trois partis, sous le nom de guerre des
trois Henri : celui des huguenots ou de Henri IV ;
celui de Henri, duc de Guise et celui des royalistes,
dont Henri III se déclara le chef. Ce dernier parti
s'unit ensuite à celui des Guise , contre le roi de
Navarre. Le pape Sixte-Quint, voyant le danger
que courait la religion , donna une bulle contre le
roi et le prince de Condé. La bataille de Courtras
où périt le duc de Joyeuse , rehaussa le parti huguenot, et la discorde qui s'établit entre les Guise
et les royalistes amena la journée des Barricades , dans laquelle Henri III fit armer contre le
duc de Guise ; cette journée remplit Paris de tumulte. La reine força toutefois son fils à signer
l'édit de la réunion : il le fit, mais, fourbe autant
qu'on peut l'imaginer, il attira les Guise aux états-
généraux , et les y fit assassiner ; le sang de Henri
et du cardinal fortifia la ligue : le duc de Mayenne,
frère du duc , fut déclaré lieutenant général du
royaume, et le roi, considéré comme un assassin,
se vit excommunié par le pape et chassé du trône.
En vain il implora son pardon, le roi de Navarre
seul lui prêta secours , et s'avança contre Mayenne

SELIM II, AMURAT III.

Amurat III, fils et successeur de Sélim II ,
après avoir fait étrangler ses frères , pour augmenter ses domaines, conquit plusieurs villes en Perse
et en Hongrie ; mais il ne fut pas si heureux en
Croatie, où l'empereur Rodolphe II mit ses troupes en déroute. Ce prince sut réprimer les janissaires , et un jour qu'ils vinrent en tumulte demander la tête du grand trésorier, il fondit sur eux
le sabre à la main et en tua plusieurs.

Cependant une seconde révolte, qu'ils tentèrent
avec plus de succès, fit mourir Amurat de chagrin à l'âge de cinquante ans. Il avait le courage
mêlé de cruauté , que l'on voit dans presque tous
les héros Turcs.

ÉLISABETH.

MAXIMILIEN II, RODOLPHE.

Rodolphe II. Après la mort de son père, Rodolphe, élu roi des Romains, le fut aussi de la Hongrie et la Bohême, mais il ne soutint le sceptre que d'une main faible. La Hongrie presque entière fut envahie par les Turcs, sans qu'on pût les en empêcher : les revenus publics étaient si mal administrés, qu'on fut obligé de mettre des troncs aux portes de presque toutes les églises ; afin de secourir dans les hôpitaux les malades et les blessés. Rodolphe envoya en Hongrie une armée qui n'arriva qu'après la prise d'Agria. Le duc de Mércœur rétablit un peu les affaires de ce pays. L'empereur eut d'autres chagrins à essuyer : son frère Mathias se révolta , et il fut obligé de lui céder les royaumes de Hongrie et de Bohême. Les divisions de sa maison hâtèrent sa mort : Ticho-Brahé, qui se mêlait de prédire, lui avait conseillé de se défier de ses proches , conseil que la conduite de Mathias justifia. Ce prince, ennemi du faste , fut généralement regretté , il ne voulut jamais se marier.

qui lui voulait fermer l'entrée de Paris. Tout changea de face par l'assassinat de Henri III : frappé d'un coup mortel par Jacques Clément, il expira le lendemain.

1589.

HENRI IV, FILS D'ANTOINE DE BOURBON, DES-
CENDANT DE ROBERT, SIXIÈME FILS DE S. LOUIS.
MARGUERITE DE VALOIS, MARIE DE MÉDICIS.

Jeanne d'Albret, mère de Henri IV, l'avait accoutumé dès l'enfance à une vie active et laborieuse ; déclaré chef de la ligue protestante, et ayant sous lui, pour lieutenant-général, le prince de Condé, Henri supporta dans les différentes actions qui eurent lieu entre les deux partis les fatigues de la guerre avec constance et courage. Apercevant quelques-uns des siens qui, à la bataille de Courtras, voulaient se mettre devant lui à dessein de le défendre : « Ne m'offusquez pas, leur dit-il, je veux paraître. » Il dédaigna les bijoux, les magnifiques bagatelles de Joyeuse, tué dans cette bataille.

Depuis la mort de sa mère, il portait le titre de roi de Navarre ; celle de Henri III l'appelait au trône, mais sa religion l'en excluait : après avoir gagné les batailles d'Arques et d'Ivry sur le duc de Mayenne, chef de la ligue, il vint mettre le siége devant Paris. Plusieurs citoyens considéra-

MAHOMET III, ACHMET.

Mahomet III succéda à son père Amurat ; il commença ainsi que lui par ensanglanter le trône en faisant mourir dix-neuf de ses frères. A la tête de deux cent mille hommes, il alla mettre le siége devant Agria, qui se rendit à composition; mais la garnison fut massacrée en sortant de la ville. Dans toutes ces guerres, les Turcs n'ont presque jamais gardé la foi jurée aux chrétiens, qui se rendaient à eux. L'archiduc Maximilien, frère de l'empereur Rodolphe, marcha contre Mahomet, prit son artillerie, et lui tailla en pièce douze mille hommes : il aurait fait un dommage considérable à ses troupes, si un apostat italien n'eût trahi ses intérêts pour favoriser le Turc. Les débauches et l'indolence de Mahomet firent plus d'une fois murmurer les janissaires : pour les apaiser, il leur livra ses plus chers amis, et exila sa mère qu'on accusait de tous les maux de l'état. Ce scélérat mourut de la peste, à trente-neuf ans, après avoir fait étrangler son fils aîné, et la sultane qui en était la mère.

ESPAGNE. PHILIPPE III.

Ce prince était fils de Philippe II et d'Anne d'Autriche. La guerre contre les Provinces-Unies continuait toujours. Philippe III se rendit maître d'Ostende par la valeur de Spinola, général de son armée, après un siége de trois ans, où périrent plus de quatre-vingt mille hommes ; ce succès, cependant, ne fut pas soutenu, et le monarque espagnol se vit forcé à conclure une trève de douze ans. Par cette trève, il leur laissa ce qui était en leur possession, et la liberté du commerce avec les Indes. La maison de Nassau fut rétablie dans tous ses biens. L'expulsion définitive des Maures occupa, sous Philippe III, les soins du gouvernement. On les accusait d'être Musulmans au fond de l'âme, quoique à l'extérieur ils parussent chrétiens. Le soupçon que l'on conçut contre eux d'un soulèvement général,

1589.

ÉLISABETH, JACQUES IV, Ier du nom en Angleterre.

Jacques était fils de Henri Stuart et de l'infortunée Marie. L'assassinat de Rizzio, son favori, fit une telle impression sur l'esprit de cette princesse, qu'elle passa jusque dans celui de Jacques, dont elle était enceinte, tellement que par la suite il ne put voir sans terreur une épée nue. Après la mort d'Élisabeth, qui l'avait nommé son successeur, il monta sur le trône et régna sur l'Écosse, l'Angleterre et l'Irlande. Fils d'une reine qui avait été immolée à la politique protestante, Jacques persécuta autant qu'il put les catholiques, et inonda l'Angleterre de leur sang. Quelques-uns, poussés au désespoir, résolurent de faire périr le roi, la famille royale et tous les pairs, au moyen d'un baril de poudre, auquel un artificier habile devait mettre le feu. La conjuration ayant été découverte, huit chefs furent exécutés : la terreur que Jacques répandit parmi les catholiques ne le fit toutefois respecter ni des anglicans, ni des presbytériens, encore moins des nations étrangères. Il abandonna son gendre, l'electeur Palatin,

RODOLPHE II.

ESPAGNE. PHILIPPE III.

hâta leur perte. Un arrêt porté contre ces malheureux, dont la plupart étaient innocens, les obligea à sortir d'Espagne, en l'espace de trente jours, sous peine de mort. Pendant le cours de leur voyage, les Maures, au nombre de quatre cent mille, tant hommes que femmes et enfans, versaient des torrens de larmes, en comparant les plaines désertes et arides qu'ils traversaient, pour s'établir en Afrique, avec les fertiles et délicieuses contrées du royaume de Valence. Philippe III en bannissant les Maures de l'Espagne, en bannit aussi l'agriculture, l'industrie et les autres arts, fondemens de sa richesse : parmi les proscrits, se trouvaient beaucoup d'hommes distingués, dont plusieurs avaient été anoblis par Charles-Quint, et une foule de femmes intéressantes par leur jeunesse et leur beauté. Cette perte

bles de cette ville firent serment de mourir de
faim plutôt que de se rendre au prince protestant.
La disette fut horrible, et la misère à son comble.
Henri soulagea, sous-main, autant qu'il put, les
habitans de Paris. On appela le pain fait avec des
os de cimetière le pain de madame de Montpen-
sier, parce qu'elle en loua l'invention. Le duc de
Parme cependant, arrivé des Pays-Bas avec une
armée espagnole, fit lever le siége de Paris, et
Henri, voyant que sa religion était le seul obstacle
à son élévation au trône, et ne tenant guère d'ailleurs à la secte de Calvin, qu'il regardait comme
un préjugé d'éducation, abjura l'erreur pour embrasser la vérité : le caractère franc et loyal de
Henri porte à croire que son abjuration était sincère. La conduite qu'il tint envers les jésuites,
ennemis déclarés du protestantisme, en est une
preuve incontestable. Paris ouvrit ses portes au
prince converti, et le duc de Mayenne s'accomoda
avec lui. Le duc de Mercœur se soumit aussi avec
la Bretagne, dont il s'était emparé. Il ne restait
donc plus qu'à faire la paix avec l'Espagne, à qui
Henri avait déclaré la guerre. Elle fut conclue à
Vervins. Depuis ce jour-là jusqu'à celui qui termina la vie d'Henri IV, la France fut exempte de
guerres civiles ou étrangères, si l'on en excepte
l'expédition contre le duc de Savoie, qui fut glorieuse pour nous. L'an 1598, fut donné le fameux édit de Nantes, qui accordait aux protestans des priviléges et une liberté définitive de
leur culte : les convulsions de l'état furent par là
calmées ; mais le levain n'était pas détruit, et le

Achmet Ier succéda à son père Mahomet III.
L'empire fut en paix sous son règne, qui fut court.
Il fit construire une superbe mosquée, avec des
pierres apportées des ruines de Troyes.

ESPAGNE. PHILIPPE III.

aurait été moins sensible pour l'Espagne, si les colonnies d'Amérique n'avaient continué à dépeupler
la mère-patrie. En vain Philippe publia de sages édits afin d'encourager l'industrie ; ils ne produisirent nul effet sur une nation qui ne faisait gloire alors que du funeste métier des armes. Philippe mourut âgé de quarante-trois ans, victime de l'étiquette. Il se plaignait un jour de la vapeur d'un brâsier,
qui l'incommodait, d'autant plus qu'il relevait d'une grande maladie ; l'officier chargé du soin d'entre-

négociant quand il aurait fallu combattre ; trompé
à la fois par la cour de Vienne et par celle de
Madrid , il ne cessait pourtant de dire à son parlement que Dieu l'avait fait maître absolu , que
tous leurs priviléges n'étaient que des concessions
de la bonté des rois, etc. Par là, il excitait les parlemens à examiner les bornes de l'autorité royale
et l'étendue des droits de la nation. Ce fut dans
un de ces parlemens que se formèrent les deux
partis si connus, l'un sous le nom de tory , pour
le roi, l'autre sous le nom de wigh, pour le peuple. L'eloquence pédantesque du roi ne servit
qu'à lui attirer des critiques sévères. Henri IV
ne l'appelait que maître Jacques, et ses sujets ne
lui donnaient pas de titres plus flatteurs. Ce qui lui
aliéna le plus les cœurs , fut son abandonne-
ment à ses favoris , dont le plus connu , Buckingham , remplaça Carr. Jacques mourut après
vingt-deux ans de règne , avec la réputation d'un
politique peu habile ; on aurait dit qu'il n'était que
le passager du vaisseau dont il aurait dû être le pi-
lote.

ESPAGNE. PHILIPPE II.

tenir le feu étant absent, personne n'osa remplir son emploi, et cette délicatesse mal entendue coûta
la vie au monarque. La confiance qu'il eut en ses ministres, son éloignement extrême pour les affaires
auxquelles il donnait à peine une heure par jour , lui causèrent à la mort les plus violens remords ;
il comprit alors que la vraie piété est l'amour du devoir , et que le devoir des rois est le plus redoutable de tous.

11.

malheureux Ravaillac, poussé par un vertige fanatique, assassina le meilleur des rois, parce qu'il avait été huguenot. Tous les historiens s'accordent à regarder Henri IV comme un des plus grands princes qui aient gouverné la France.

1610.

LOUIS XIII, FILS DE HENRI IV. ANNE D'AUTRICHE.

Marie de Médicis, déclarée régente pendant la minorité de Louis XIII, changea le système politique du règne précédent, et dépensa, pour acquérir des créatures, les trésors que Henri IV avait amassés. Sully qui avait administré avec tant d'économie les finances, se retira de la cour, et l'état perdit en même temps sa considération au dehors.

Les princes du sang, à la tête desquels se trouvait le duc de Bouillon, remplirent la France de factions. On les apaisa pour quelque temps par le traité de Sainte-Menehould. La majorité du roi n'apporta pas d'améliorations dans les abus, et la France resta dans le trouble, gouvernée par le maréchal d'Ancre. Cet homme parvenu tout-à-coup au faîte de la grandeur, disposa de tout en ministre despote, et fit bien des mécontens. Henri II, prince de Condé, se lie avec les huguenots, ce qui n'empêche pas le roi d'aller à Bordeaux, où il épouse Anne d'Autriche. Cependant les rebelles ne se soumettaient pas, et Louis pour les y engager conclut avec eux le traité de Loudun.

ACHMET I⁰ʳ, MUSTAPHA I⁰ʳ, OSMAN II, AMURAT IV, IBRAHIM.

Mustapha I⁰ʳ, empereur des Turcs, succéda à son frère Achmet : mais il fut chassé quatre mois après, et mis en prison par les janissaires qui placèrent sur le trône Osman II, son neveu. Mais du fond de sa prison Mustapha avait un parti : sa faction persuada aux janissaires que le jeune Osman voulait affaiblir leur pouvoir. On déposa Osman sous ce prétexte, et on l'enferma aux Sept-Tours ; le grand-visir alla lui-même égorger son empereur. Mustapha fut donc tiré de sa prison, reconnu sultan, puis au bout d'un an, renfermé encore aux Sept-Tours, où il fut étranglé. Jamais prince, depuis Vitellius, ne fut traité avec plus d'ignominie. Promené sur un âne dans les rues de Constantinople, il fut exposé aux injures de toute la multitude.

Amurat IV succéda à Mustapha I⁰ʳ ; le nom d'Intrépide lui fut donné à cause de sa valeur. Il prit d'assaut Bagdad, et secourait en même temps le grand-mogol : il contint les janissaires, en les occupant à combattre des peuples qui ne songeaient point à l'inquiéter, et à envahir des provinces sur

ESPAGNE. PHILIPPE IV.

Philippe IV, roi d'Espagne, fils de Philippe III et de Marguerite d'Autriche, monta sur le trône après son père, la même année, 1621, la trêve de douze ans, faite avec la Hollande étant expirée, la guerre se ralluma avec plus de vivacité que jamais. Elle fut heureuse pour les Espagnols, tant qu'ils eurent à leur tête le général Spinola, mais en 1628, leur flotte fut défaite par les Hollandais, qui depuis trois ans avaient formé la compagnie des Indes occidentales. Il s'éleva l'an 1635, une guerre longue et

1610.

JACQUES Ier, CHARLES Ier,

En montant sur le trône, Charles Ier épousa Henriette de France, fille de Henri IV. Son règne commença par des murmures, et finit par un forfait. La faveur de Buckingham, son expédition malheureuse à la Rochelle, les conseils violens de l'archevêque de Cantorbéry, produisirent un mécontentement général. Les Écossais armèrent contre leur souverain, la guerre civile éclata de toutes parts. Les Écossais secondés par Richelieu, tout en feignant de s'accommoder avec le roi, fortifient leur armée. Charles, trompé par ses sujets rebelles, se vit contraint de s'armer de nouveau contre eux : partout il ne trouva que des factieux et des rebelles ; on l'oblige à signer la peine de mort du comte de Stafford, un de ses principaux appuis. Mais Charles se repentit de cet acte de faiblesse qui rendit ses ennemis plus puissans : le parlement, assemblé de nouveau, montra qu'il n'était pas disposé à avoir un maître, et deux ans après Charles fut obligé de sortir de Londres. La monarchie anglaise fut renversée avec le monarque. La perte de la bataille de Nazerby contre le parlement, obligea Charles à se jeter entre les bras

RODOLPHE II.
RODOLPHE, MATHIAS, FERDINAND II, FERDINAND III.

Le frère de Rodolphe II, et fils comme lui de Maximilien II, lui succéda. L'Empire était alors en guerre avec les Turcs. Après des succès contrebalancés par des pertes, Mathias eut le bonheur de la terminer : mais il en vit commencer une autre qui désola l'Allemagne pendant trente ans, et qui fut excitée par les protestans de Bohême, pour la défense des nouvelles erreurs ; Mathias mourut à l'âge de soixante-deux ans.

Ferdinand II, petit-fils de Ferdinand Ier, fut empereur à quarante-un ans. Les Bohêmiens révoltés venaient de se donner à l'électeur palatin, Frédéric V, surnommé roi d'hiver, parce qu'il ne régna en effet qu'un hiver. La bataille de Prague décida de son sort, il la perdit, et son électorat fut donné à son vainqueur, Maximilien duc de Bavière. En vain Christiern IV, roi de Danemark, voulut secourir l'électeur, Ferdinand le vainquit à son tour. Les victoires de ce prince donnèrent cependant de la jalousie à ceux d'Allemagne, et ils s'unirent contre lui avec Louis XIII, et Gus-

ESPAGNE. PHILIPPE IV.

cruelle entre la France et l'Espagne. Cette dernière perdit l'Artois. De plus, les Espagnols furent battus dans le pays de Liége et à Casal. La Catalogne se révolta et se donna à la France. Le Portugal secoua aussi le joug, et une conspiration bien conduite mit la maison de Bragance sur le trône. Tout ce qui restait du Brésil, ce qui n'avait pas été pris par les Hollandais aux Espagnols, retourna aux Portugais, les îles Açores et d'autres possessions s'affranchirent de la domination espagnole. Philippe IV,

Mais apprenant qu'ils tramaient de nouveaux projets, il fit renfermer le prince de Condé à la Bastille ; les troubles qu'occasionna ce nouvel incident , ne finirent que par la mort du maréchal d'Ancre , qui fut assassiné. L'éloignement de Marie de Médicis , qui fut alors reléguée à Blois , suivit de près ce meurtre. Le duc d'Épernon offrit ses secours à cette princesse , et la conduisit à Angoulême. On l'avait haïe toute puissante, on l'aima malheureuse. L'évêque de Luçon , depuis cardinal de Richelieu , engagea cependant le roi à se raccommoder avec sa mère, et il y parvint. Une seconde rupture suivit la première , puis une troisième qui amena l'éloignement définitif de la reine. Louis réunit l'an 1620 , le Béarn à la couronne , par un édit solennel. Cet édit restituait aux catholiques les églises dont les protestans s'étaient emparés : ce fut là l'époque des troubles que les huguenots excitèrent sous ce règne. Rohan et Soubise soutinrent les factieux. Le projet des calvinistes était de faire de la France une république, et pour en venir à leurs fins , ils offrirent à Lesdiguières le commandement de leurs armées ; mais ce fidèle sujet du roi, refusa leurs offres. Louis qui voyait croître chaque jour les progrès de la rébellion , se mit lui-même à la tête des troupes. Les villes devant lesquelles il se présenta , lui ouvrirent leur portes : Montauban, défendue par la force , ne se montra pas si facile ; on en fit le siége : les avantages et les revers furent égaux de chaque côté, le roi donna , durant le siége , une grande marque de courage, lorsqu'à minuit, au

lesquelles il n'avait aucun droit. Il mourut d'un excès de vin , tout musulman qu'il était.

Ibrahim régna après son frère Amurat IV, dont il eut tous les vices, avec plus de faiblesse et nul courage. La Porte ne pouvant se venger sur Malte, qui de son rocher inaccessible , brave la puissance turque, fit tomber sa colère sur les Vénitiens. La flotte turque aborda à Candie, on prit la Canée. Ibrahim livré à la mollesse n'eut aucune part à cette conquête : les janissaires ne pouvant plus souffrir un tel maître , le firent étrangler.

ESPAGNE. PHILIPPE IV.

n'apprit cette conspiration que lorsqu'il n'était plus en son pouvoir d'y remédier. Olivarès, son ministre et son favori , à qui on attribua une partie de ces malheurs , fut disgracié. Les esprits s'ébranlaient à Milan , à Naples et en Sicile. Tant de commotions paraissent inexplicables sous un règne modéré , mais qu'on se rappelle que la France les faisait naître , afin d'obliger l'Espagne à échanger les Pays-Bas, contre quelque autre province, du moins Mazarin s'en flattait. La paix conclue entre les deux puis-

des perfides Écossais, qui le livrèrent aux Anglais. La chambre des communes établit un comité de dix-huit personnes pour dresser contre lui des accusations juridiques ; puis on le condamna à périr sur un échafaud. Il eut la tête tranchée dans la quarante-neuvième année de son âge et la vingt-cinquième de son règne. On supprima alors la chambre des pairs, et le pouvoir fut remis entre les mains du peuple, qui venait de les tremper dans le sang de son souverain. Cromwell, principal auteur de ce parricide , déclaré général des troupes de l'état, régna despotiquement sous le titre de protecteur. La constance de Charles Ier dans ses revers et dans le supplice , étonna même ses ennemis. Ils ne purent s'empêcher de dire qu'il était mort avec bien plus de grandeur qu'il n'avait vécu. Il prouva en sa personne ce qu'on avait dit des Stuarts : qu'ils soutenaient mieux leurs malheurs que leur prospérité.

tave Adolphe , roi de Suède. Celui-ci remporta une victoire complète sur Tilli , général de Christiern, soumit une partie de l'Allemagne , et périt l'année d'après, au milieu de ses triomphes. Ses généraux continuèrent ses conquêtes ; mais l'empereur y mit fin. Il fut assez heureux pour faire nommer son fils roi des Romains ; enfin après dix-huit ans d'un régne troublé sans cesse par la guerre, ce prince termina sa carrière. Ses plus grands ennemis n'ont pu s'empêcher de louer sa prudence et sa fermeté dans les revers. Gustave Adolphe roi de Suède , disait qu'il n'avait redouté que les vertus de Ferdinand II.

Ferdinand III fut roi de Hongrie , de Bohême et roi des Romains. La mort de son père ne changea rien aux affaires de l'état , et la guerre se continua avec beaucoup d'activité. Le duc de Saxe-Weimar devint un ennemi aussi dangereux pour Ferdinand III que Gustave l'avait été pour son père , il prit quatre villes de son territoire presqu'en même temps , et foudroya de son canon Ratisbonne , où l'empereur tenait sa diète. Il s'en serait rendu maître sans un dégel. Les Français s'étaient joints aux Suédois. Le maréchal de Guébriant enleva Lamboi. Le grand Condé , alors duc d'Enghien , força les retranchemens de Fribourg, et gagna une bataille à Nortlingue , dans cette même plaine où les Suédois avaient été vaincus , onze ans auparavant. Tortenson , général suédois, pressait l'Autriche d'un côté , Condé et Turenne de l'autre, Ferdinand fatigué de tant de revers, conclut la paix de Westphalie. Les traités signés,

ESPAGNE. PHILIPPE IV.

sances amena le mariage de Louis XIV avec Marie Thérèse. La cession du Roussillon , d'une partie de l'Artois et des droits de l'Espagne sur l'Alsace. Il ne restait plus d'ennemis à Philippe IV que les Portugais : Il se disposait à les combattre quand la mort vint le surprendre à l'âge de soixante ans. Ce prince ne manquait ni de génie , ni de talens ; mais il manquait d'activité et de vigueur : du reste bon , généreux et humain , Philippe IV aimait ses sujets ; il s'efforça par plusieurs moyens de les rendre heureux.

milieu de ses gardes , il passa dans l'île de Rhé ,
et en chassa Soubise. Il ne se signala pas moins au
siége de Broyan en Saintonge. Cependant les huguenots, fatigués de la guerre, demandèrent la
paix. On la leur accorda ; mais elle ne fut pas de
longue durée. La Rochelle, boulevard de l'hérésie,
reprit les armes , et fut secourue par l'Angleterre.
Une femme, c'était la mère du duc de Rohan, défendit cette ville pendant un an , contre l'armée
royale , contre l'activité de Richelieu , et l'intré-
pidité de Louis XIII , qui affronta plus d'une fois
la mort à ce siége. Enfin la Rochelle se rendit
après avoir éprouvé pendant près d'un an toutes
les horreurs de la famine. Les Anglais furent contraints de retourner chez eux , et le roi entra dans
cette ville , qui, depuis Louis XI , avait toujours
été armée contre ses maîtres. La religion catholique y refleurit comme dans ses beaux jours. Après
cet événement si funeste aux calvinistes et si heureux pour la France , le roi arma contre l'empereur, qui refusait au duc de Nevers , nouveau duc
de Mantoue , l'investiture de ce duché. Il força le
pas de Suze, et battit le duc de Savoie : cette victoire n'amena pas la paix , qui ne se fit qu'un an
après. De retour à Paris, Louis XIII et Richelieu
y trouvèrent beaucoup plus d'intrigues qu'il n'y
en avait eu en Italie, entre l'empire, l'Espagne ,
Rome et la France. Gaston d'Orléans, frère unique du roi , et la reine-mère , tous deux mécontens et jaloux du cardinal, se retirèrent , l'un en
Lorraine , l'autre à Bruxelles. Montmorency en-

ESPAGNE. PHILIPPE IV.

l'un à Osnebruck, l'autre à Munster, sont aujourd'huile code politique de l'empire germanique. Par cette paix, les rois de Suède devinrent princes de l'empire, en se faisant céder la plus belle portion de la Poméranie. Le roi de France devint landgrave d'Alsace, sans être prince de l'empire : la religion luthérienne et la calviniste furent autorisées, et l'église catholique frappés du plus grand coup, qu'elle eut essuyé en Allemagne. Le Saint-Siége, et le roi d'Espagne furent mécontens de ce traité : l'empereur lui-même en versa des larmes. mais il subit la loi de la nécessité, et mourut environ dix ans après.

ESPAGNE. PHILIPPE IV.

gagé dans la révolte de Gaston , fut blessé et fait prisonnier , ensuite de quoi on lui fit son procès , et il eut la tête tranchée. Ce duc ne fut pas la seule victime que fit le prince. Charles IV, duc de Lorraine , se vit privé , par un excès de complaisance pour lui , du duché de Bar , de Lunéville et de Nancy, dont Louis XIII s'empara. Les Espagnols irrités contre la France , qui protégeait la révolte de la Hollande , surprirent Trèves , égorgèrent la garnison française , et par l'arrestation de l'électeur , provoquèrent la guerre , qui fut déclarée aussitôt à l'Espagne. Il se forma une ligue offensive et défensive entre la France , la Savoie et le duc de Parme : Victor Amédée en fut fait capitaine général. Les événemens de cette guerre qui dura treize ans contre l'empereur , et vingt-cinq contre l'Espagne , furent mêlés de bons et de mauvais succès : en Picardie cependant le roi força les Espagnols à repasser la Somme , et les impériaux furent en Bourgogne repoussés jusqu'au Rhin : le maréchal de Schomberg battait les Espagnols dans le Roussillon , tandis que le duc de Savoie les battait en Italie, et que le cardinal La Valette leur prenait Landrecy et la Capelle ; enfin Louis XIII eut en ce temps six armées sur pied , l'une vers les Pays-Bas , une autre vers Luxembourg , la troisième sur les frontières de la Champagne , la quatrième en Languedoc , la cinquième en Italie, la sixième en Piémont. La guerre était au dedans, et au dehors du royaume. La Meilleraie fit la conquête du Roussillon.

ESPAGNE. PHILIPPE IV.

ESPAGNE. PHILIPPE IV.

Tandis qu'on enlevait cette province à la maison d'Autriche, il se formait une conspiration contre le cardinal ; pendant ces intrigues, le ministre et le roi descendirent au tombeau. Louis avait régné trente-trois ans. Les vues de ce prince étaient droites, son esprit sage et éclairé, ses mœurs pures. Père et fils de deux des plus grands rois qu'ait eus la France , il affermit le trône ébranlé de Henri IV , et prépara les merveilles du règne de Louis XIV.

1643.

LOUIS XIV, FILS DE LOUIS XIII. MARIE-THÉRÈSE.

Ce ne fut qu'après vingt-deux ans de mariage qu'Anne d'Autriche mit au monde Louis-le-Grand, surnommé Dieudonné. Cette princesse, à qui la régence avait été confiée, continua la guerre contre le roi d'Espagne, Philippe IV. La bataille de Rocroy, gagnée par le duc d'Enghien, fut suivie de la prise de Thionville. Les maréchaux de Brézé et de la Mothe se signalèrent sur d'autres points de la France, et surtout en Catalogne ; enfin les succès de nos armes marquèrent partout les premières années du règne de Louis XIV. Turenne s'étant emparé de Trèves, y rétablit l'électeur, devenu libre par la médiation du roi. D'autres conquêtes faites par le duc d'Orléans, Guébriant et d'Harcourt, amenèrent le traité de Westphalie entre le roi, l'empereur, Ferdinand III, Christine, reine de Suède, et les états de l'empire. Par ce

IBRAHIM, MAHOMET IV, SOLIMAN III, MUSTAPHA II.

Après la mort tragique de son père , étranglé par ordre des janissaires, Mahomet IV monta sur le trône d'Orient. Les Turcs étaient en guerre avec les Vénitiens , quand il se fit couronner. Les commencemens de son règne furent brillans. Le grand-visir, Coprogli , battu d'abord à Raab par Montécuculli , mit toute sa gloire et celle de l'empire ottoman à prendre l'île de Candie. Le siége de cette ville fut pressé avec une très-grande activité ; Louis XIV secourut les assiégés , et leur envoya six à sept mille hommes , sous le commandement du duc de Beaufort, qui périt dans une sortie. Enfin , après deux années, Coprogli entra dans Candie , réduite en cendres : après cette victoire, qui coûta néanmoins cent mille hommes aux vainqueurs , la puissance ottomane se porta vers le nord de l'Europe. Mahomet IV

ESPAGNE.
PHILIPPE IV, CHARLES II, PHILIPPE V.

Successeur et fils de Philippe IV , Charles II épousa en premières noces , Marie-Louise d'Orléans , et en secondes Marie-Anne de Bavière. Il n'eut d'enfans ni de l'une ni de l'autre. Ce n'était point un prince d'un grand génie , et sa bonne volonté ne put remédier à l'état de faiblesse où se trouvait l'Espagne ; mais il montra les qualités d'un monarque juste et chrétien , surtout une piété vive et ten-

1643.

CHARLES Ier. CHARLES II. JACQUES II. GUILLAUME III. ANNE STUART. GEORGES Ier.

Le fils infortuné de Charles Ier, Charles II, promena long-temps ses malheurs dans différentes contrées de l'Europe. Reconnu d'abord en Irlande roi d'Angleterre, battu ensuite à Worcester, il se retira en France, auprès de la reine sa mère, déguisé tantôt en bûcheron, tantôt en valet.

Monk, gouverneur d'Écosse, s'imagina, après la mort de Cromwell, de rappeler le roi, et y réussit. Charles revint à Londres, où il se fit couronner. La punition des auteurs de la mort de son père occupa les premiers instans de son règne; et, loin de s'aliéner l'attachement du peuple par les actes de justice qu'il exerça, il le vit, au contraire, revenir à lui. La guerre contre les Hollandais et les Français n'excita presque pas de murmures, quoiqu'elle fût très-onéreuse. Cinq ans après il fit

FERDINAND III. LÉOPOLD Ier. JOSEPH Ier. CHARLES VI.

Léopold Ier, second fils de Ferdinand III, roi de Hongrie et de Bohême, remplaça son père sur le trône impérial, à l'âge de dix-huit ans. On exigea de lui, lorsqu'il reçut le sceptre, qu'il promît de ne donner aucun secours à l'Espagne contre la France. Les Turcs menaçaient alors l'empire : ils battirent les troupes impériales, et ravagèrent la Moravie. Montécuculli, général de Léopold, soutenu par un corps de six mille Français choisis, sous les ordres de Coligni et de la Feuillade, les défit à Saint-Godard, après un combat sanglant, où la victoire fut long-temps douteuse. On conclut ensuite une trêve de vingt ans. La Hongrie ne tarda pas long-temps à vouloir recouvrer sa liberté, et résolut de se choisir un roi particulier. Tékeli se mit à la tête des mécontens, et fut fait prince de Hongrie par les Turcs, moyennant un

ROYAUME DE PRUSSE.

L'histoire de la Prusse ne devenant intéressante que depuis l'époque à laquelle elle fut érigée en royaume, vers la fin du règne de Louis XIV, nous passerons rapidement ce qui la concerne jusque là.

La Prusse fut d'abord habitée par des peuples idolâtres. Après une guerre opiniâtre, les chevaliers de l'ordre Teutonique, ordre religieux et militaire, les subjuguèrent, et en 1283, les obligèrent de

traité, Metz, Toul et Verdun demeurèrent en toute souveraineté à la France. Pendant que Louis faisait respecter sa puissance au dehors, le prince de Condé, le cardinal de Retz et le duc de Beaufort, s'étant mis à la tête du parti appelé la Fronde, venaient de l'obliger à sortir du royaume. Sa présence en Guyenne calma les rebelles, et le prince de Condé se tourna vers Paris. Il rencontra dans l'armée royale une résistance qui lui serait devenue funeste aux portes de Paris, si les Parisiens ne les lui avaient ouvertes, et n'avaient fait tirer le canon de la Bastille sur les troupes du roi. La cour, pour mettre fin à ces troubles, renvoya une seconde fois Mazarin, dont la faveur avait servi d'abord de prétexte aux frondeurs. Le lit de justice qu'avait tenu le roi avant l'événement du faubourg Saint-Antoine n'avait apporté aucun remède à la guerre civile. Les Espagnols, tirant avantage des circonstances, firent plusieurs conquêtes. L'archiduc Léopold s'empara de Gravelines et de Dunkerque; don Juan d'Autriche, de Barcelone; et le duc de Mantoue prit Casal. Il est vrai que les généraux français reprirent Rethel, Sainte-Ménéhould, Bar, Ligny, etc., et que le vicomte de Turenne réduisit le Quesnoy, et fit lever le siège d'Arras. Cet exploit important rassura la France, et le cardinal Mazarin, dont le sort dépendait presque de cette journée, y rentra sans crainte. Le siége de Stenay, auquel assista le roi, qui y combattit pour la première fois, fut un heureux présage de sa valeur future. Le maréchal de Turenne, non moins heureux contre Condé et

marcha en personne l'an 1672 contre les Polonais, leur enleva l'Ukraine, la Podolie, la Volhynie, la ville de Kaminiek, et ne leur donna la paix qu'en leur imposant un tribut annuel. Sobieski vengea l'année suivante sa nation, par la défaite entière de l'armée ennemie, et les Ottomans furent contraints de lui offrir une paix moins désavantageuse. Le comte Tékeli ayant soulevé la Hongrie contre l'empereur d'Allemagne, quelques années après, le sultan favorisa sa révolte. Il leva une armée de plus de cent quarante mille hommes, dont il donna le commandement à Cara Mustapha. Ce général vint mettre le siége devant Vienne l'an 1683, et il l'aurait emportée, s'il l'eût pressée plus vivement. Sobieski eut le temps d'accourir à son secours; il joignit ses troupes aux Autrichiens, défit Mustapha et l'obligea de tout abandonner en se sauvant avec les débris de son armée. Cette défaite coûta la vie au grand-visir, et fut le signal de la décadence des Turcs. Les Cosaques, joints aux Polonais, défirent, peu de temps après, une de leurs armées, de quarante mille hommes; et, l'année suivante, une ligue offensive et défensive eut lieu entre l'empereur, le roi de Pologne et les Vénitiens contre les Ottomans. Le prince Charles de Lorraine, général des armées impériales, les défit entièrement dans les plaines de Mohacz, tandis que les Vénitiens prenaient le Péloponèse. Les janissaires, qui attribuaient tant de malheurs à l'indolence du sultan, le déposèrent. Son frère Soliman III, élevé sur le trône, fit enfermer le mal-

ESPAGNE. CHARLES II. PHILIPPE V.

dre, dont il faisait la règle de toutes ses actions. Étant allé à l'Escurial, il désira visiter les tombeaux où reposaient ses ancêtres. Il y vit ceux de Charles-Quint, de Philippe III et de Philippe IV. A la vue de celui de Marie-Louise d'Orléans son épouse, il fondit en larmes, et s'écria : Adieu, chère princesse .. je viendrai vous tenir compagnie avant un an. Charles, d'une santé très faible, pouvait prévoir sa mort. S'il eût pu oublier l'état où sa santé le réduisait, l'Europe semblait ne s'occuper que du soin de l'en

un traité avec Louis XIV contre la Hollande; la guerre qui en fut la suite ne dura que deux ans, et laissa tout le temps à Charles pour faire fleurir les arts et les belles-lettres dans son royaume.

Il fit publier la liberté de conscience, suspendit les lois pénales, fonda et encouragea la Société royale de Londres.

Malgré le revenu que lui fit le parlement et celui que lui faisait aussi la France, Charles II fut toujours pauvre. Il mourut sans postérité.

Jacques II, roi d'Angleterre, d'Écosse et d'Irlande, fils de Charles Ier et de Henriette de France, fut proclamé duc d'York dès le moment de sa naissance. En 1648, les horreurs de la guerre civile l'obligèrent à se sauver, déguisé en fille. Il passa en Hollande, de là en France, où il se signala sous le vicomte de Turenne, et ensuite en Flandre, où sa valeur n'éclata pas moins sous don Juan d'Autriche et sous le prince de Condé. Quand Charles II, son frère, fut couronné roi d'Angleterre, Jacques, qui le suivit, fut fait grand-amiral du royaume. Vainqueur des Hollandais, l'amiral Ruyter défit sa flotte en 1672. Digne du trône par ses vertus, Jacques résolut de rétablir en Angleterre la religion catholique. Il révoqua le serment du Test, par lequel on abjurait la présence réelle de Jésus-Christ dans l'Eucharistie. Cette loi inique, qui excluait des charges ceux qui refusaient de s'y soumettre, avait été portée contre les catholiques sous Charles II. Jacques accorda ensuite la liberté de conscience à tous ses sujets, afin que les catholiques pussent

tribut de quarante mille sequins. Cet usurpateur appela les Ottomans dans l'empire. Ils fondirent sur l'Autriche avec une armée de deux cent mille hommes, et mirent le siége devant Vienne. Cette place était sur le point d'être prise, lorsque Jean Sobieski, roi de Pologne, vola à son secours, tandis que l'empereur se sauvait à Passaw. Sobieski vainquit complètement les Turcs, et les impériaux reprirent les villes dont ils s'étaient emparés. Léopold, regardant les rebelles de Hongrie comme la cause des maux qui avaient menacé l'empire, ordonna qu'ils fussent sévèrement punis.

Léopold songeait à s'opposer à l'humeur conquérante de Louis XIV; et de son cabinet, il en prenait les moyens, et sut intéresser dans les différentes guerres que ce prince eut à soutenir le corps de l'Allemagne, et les faire déclarer guerres de l'empire. La première fut assez malheureuse, et l'empereur reçut la loi à la paix de Nimègue. La fortune fut moins inégale dans la seconde guerre, produite par la ligue d'Augsbourg; la troisième fut encore plus heureuse pour Léopold. La mémorable bataille d'Hoschstet changea tout, et ce prince mourut l'an 1705, à soixante-cinq ans, avec l'idée que la France serait bientôt accablée. Ce qui servit le mieux Léopold dans les affaires de France, ce fut la grandeur de Louis XIV qui, s'étant produite avec trop de faste, irrita tous les souverains. Léopold fut aimé de ses sujets; il les rendit heureux.

Joseph Ier, troisième fils de l'empereur Léopold,

ROYAUME DE PRUSSE.

les reconnaître pour leurs souverains. Albert de Brandebourg, grand-maître de l'ordre, au commencement du seizième siècle, profita de la fermentation que les erreurs de Luther avaient produite dans le nord, pour se procurer le pouvoir suprême, il fit, en 1525, une convention avec les Polonais, par laquelle cette partie de la Prusse, qui obéissait aux chevaliers, dont il était chef, lui fut accordée, et à ses descendans, sous le titre de duché séculier, à condition pourtant d'en faire hommage à la cou-

don Juan, leur enleva Dunkerque. Mais l'Espagne sentait le besoin d'obtenir la paix : elle fut conclue dans l'île des Faisans par Mazarin et don Louis de Haro. On l'appela *la paix des Pyrénées*. Les principales conditions de cette paix furent le mariage de Louis XIV avec Marie-Thérèse, la restitution de plusieurs places à l'Espagne, et le rétablissement du prince de Condé. L'éclat avec lequel fut célébré le mariage du roi laissa longtemps dans les esprits d'agréables souvenirs.

Le cardinal Mazarin mourut l'année suivante, et le roi, qui, jusqu'à cette époque (1661), n'avait montré du goût que pour les plaisirs, tint avec fermeté les rênes de l'état. Tout prit une face nouvelle. Il fixa la puissance des ministres, et veilla sur eux pour les empêcher d'en abuser. On régla les finances, et Colbert succéda à Fouquet dans la surintendance, pendant que des colonies françaises partirent pour s'établir à Madagascar et à Cayenne. De nombreuses manufactures furent établies, et les arts, encouragés au dedans et au dehors du royaume, se perfectionnèrent. Le canal de Languedoc, pour la jonction des deux mers, fut commencé. Louis XIV faisait à vingt-deux ans ce que Henri IV avait fait à cinquante. Quoique la paix régnât dans tous les états chrétiens, il envoya contre les Maures une petite armée, qui prit Gigeri et secourut les Allemands contre les Turcs ; ses troupes contribuèrent aussi beaucoup à la victoire de Saint-Godard : le duc de Beaufort périt cependant dans une expédition contre les Algériens. Comptant plus sur ses armées que sur ses raisons, Philippe

heureux empereur dans la même prison d'où l'on venait de le tirer lui-même pour lui donner le sceptre. Mahomet, accoutumé aux exercices violens, mourut de langueur dans sa captivité. Il fut moins adonné aux plaisirs que ses prédécesseurs.

Soliman III, qui avait été élevé au trône à la place de son frère Mahomet, fut un prince indolent, presque imbécile, qui se laissa entièrement gouverner par ses ministres.

Mustapha II. Les commencemens de son règne furent heureux : il défit les impériaux, fit la guerre avec succès contre les Vénitiens, les Polonais, les Moscovites ; mais ensuite, ses armées ayant été battues, il fut obligé de faire la paix avec ces mêmes puissances, et se retira à Andrinople, où il se livra à la volupté et aux plaisirs. Cette conduite excita une révolte qui eut de terribles suites : cent cinquante mille rebelles forcèrent le sérail, et marchèrent vers Andrinople pour détrôner l'empereur. Vainement ce malheureux prince leur fit de belles promesses, il fallut céder la couronne à Achmet, son frère. Réduit à une condition privée, il mourut de mélancolie, six mois après sa déposition.

ESPAGNE. CHARLES II. PHILIPPE V.

avertir, par ces fameux traités où l'on disposait de ses royaumes, comme si le ciel eût déjà disposé de sa personne. Dès l'an 1698, la France, l'Angleterre, la Hollande partagèrent ses états comme vacans.

Au mois de mars 1700, on fit un nouveau partage qui ne produisit pas plus d'effet que le premier. Le monarque, dit un historien, vit tous ces mouvemens avec fermeté ; il crut bien faire sans doute, en

en jouir sans jalousie. On a reproché à Peters, son confesseur, zélé jésuite, de l'avoir entraîné par ses conseils dans le précipice. Jacques ne fit pas cependant couler autant de sang pour le rétablissement de la religion catholique que Henri VIII, Élisabeth et Jacques Ier, en répandirent pour séparer l'Angleterre de la cour de Rome. Les hérétiques, alarmés, achevèrent de s'aigrir par la présence d'un nonce, qui fit son entrée publique à Londres. Guillaume de Nassau, prince d'Orange, stathouder de Hollande et gendre de Jacques II, appelé par les mécontens pour régner à sa place, vint détrôner son beau-père, l'an 1688. Dans ces circonstances, Jacques garda la plus grande modération; il alla chercher un asile en France, après s'être vu prisonnier à Rochester. Insulté par la populace, et après avoir reçu les ordres du prince d'Orange dans son propre palais, Jacques II alla descendre à Paris chez les jésuites; mais en 1689 Louis XIV lui donna une flotte et une armée pour aller conquérir son royaume. Arrivé en Irlande, il s'en vit chasser par Guillaume; enfin, battu à la bataille de la Boyne, il assura par sa défaite la couronne à l'usurpateur. Le monarque détrôné, désespérant de recouvrer son royaume, passa le reste de ses jours à Saint-Germain : se consolant de ses revers par les principes de la philosophie chrétienne, il y vécut des bienfaits de Louis XIV et de 70,000 francs que lui faisait sa fille Marie, après lui avoir enlevé la couronne. Il mourut à soixante-huit ans, détrompé des grandeurs humaines : il avait peu de

fut couronné roi héréditaire d'Autriche, et élu roi des Romains l'an 1690. Il ne monta sur le trône impérial qu'après la mort de Léopold, l'an 1705. L'esprit du fils était plus vif, plus actif et plus propre à brusquer les événemens qu'à les attendre, consultant ses ministres, et agissant par lui-même. Il engagea le duc de Savoie, les Anglais, les Hollandais dans ses intérêts contre la France, et fit reconnaître l'archiduc Charles roi d'Espagne. Les électeurs de Bavière et de Cologne continuant la guerre contre l'empereur et le corps de l'empire, Joseph les fit mettre au ban de l'empire. Dès la victoire d'Hochstet, la Bavière était devenue province autrichienne; mais une conspiration mal conduite aggrava le sort de l'électrice et de ses enfans, à qui on ôta jusqu'à leur nom. Il dépouilla le duc de la Mirandole, de qui il avait à se plaindre, et par des victoires multipliées, il s'assura la possession de l'Italie. Plusieurs villes, qu'il trouva rebelles, furent obligées de lui payer des sommes considérables. Au milieu de ses succès, Joseph fut attaqué de la petite-vérole, et en mourut à trente-trois ans.

Charles VI, cinquième fils de l'empereur Léopold, déclaré roi d'Espagne par son père en 1703, fut couronné empereur d'Allemagne en 1710. La guerre de la succession d'Espagne, allumée dans les dernières années du règne de son père, languissait de toutes parts, quand la paix fut enfin signée à Rastadt en 1714. Par ce traité, on céda à l'empereur le royaume de Naples et la Sardaigne, les Pays-Bas, le duché de Milan et de Man-

ROYAUME DE PRUSSE.

ronne de Pologne. Ses successeurs furent trop puissans pour ne pas vouloir se dispenser de cet assujettissement. Frédéric-Guillaume, électeur de Brandebourg, obtint en 1656, par un traité avec la Pologne, la cessation de cet hommage, et se fit reconnaître en 1663, duc souverain et indépendant. Bientôt le duché de Prusse devint un royaume. L'empereur Léopold lui donna ce nom en 1700, et cette création en royaume fut faite en faveur de Frédéric Ier, dont les armes ne lui avaient pas été inu-

marcha en Flandre pour y soutenir les droits qu'il prétendait avoir à la couronne d'Espagne depuis la mort de Philippe IV, père de la reine ; Turenne y commandait sous lui ; et Louvois, digne émule de Colbert, avait fait pour cette guerre d'immenses préparatifs ; les Espagnols ne s'étaient pas mis en mesure, et Louis entra en triomphe dans toutes les villes devant lesquelles il se présenta. La conquête de la Franche-Comté fut encore plus rapide ; mais les puissances de l'Europe, jalouses des succès du roi, se liguèrent contre lui ; l'Angleterre, la Suède et la Hollande résolurent de l'abattre ; les efforts de la triple alliance n'aboutirent qu'au traité d'Aix-la-Chapelle. Pendant la paix, Louis XIV continua à embellir son royaume. Les Invalides s'élevèrent avec magnificence, ainsi que l'Observatoire. Cependant le monarque français avait résolu de conquérir les Pays-Bas ; secondé du prince de Condé et de Turenne, il ouvrit la campagne par la prise de quarante villes dans les Pays-Bas, après avoir fait traverser le Rhin à ses troupes. L'Espagne, l'empereur et l'électeur de Brandebourg, effrayés de ses conquêtes, sont pour lui de nouveaux ennemis. Turenne entre dans le Palatinat, où ses troupes se livrent à des excès horribles. Le comte de Schomberg bat les Espagnols dans le Roussillon, tandis que les autres généraux de Louis soutiennent à Philisbourg et à Turckeim la gloire de ses armes. Tant de prospérités furent néanmoins troublées par la mort de Turenne. Ce général mourut en combattant Montécuculli. Philippe, duc d'Orléans, frère unique

ESPAGNE. PHILIPPE V.

déférant, d'après les conseils du cardinal Porto-Garrero, la couronne à Philippe de Bourbon, au préjudice de sa maison ; mais ce testament occasionna un embrasement général. En lui finit la branche aînée de la maison d'Autriche en Espagne.

Philippe V, duc d'Anjou, second fils de Louis, dauphin de France, et petit-fils de Louis XIV, fut appelé à la couronne d'Espagne en 1700, par le testament de Charles II. Testament évidemment nul,

génie pour les affaires, mais beaucoup de zèle pour le bien. On disait de lui, en le comparant à son frère : « Charles pourrait tout voir, s'il le voulait; Jacques voudrait tout voir, s'il le pouvait. »

Guillaume III. Ce prince était fils de Guillaume de Nassau, prince d'Orange, et de Marie, fille de Charles Ier. Élu stathouder en Hollande, il fut nommé général des troupes de la république alors en guerre avec Louis XIV. Son humeur était froide et sévère, son génie actif et perçant. Un courage qui ne se rebutait jamais lui fit supporter de grandes fatigues. Il était ambitieux, mais ennemi du faste. La Hollande l'opposa à Louis XIV, quand elle craignit pour sa liberté. Il se sacrifia pour ses intérêts, et quand le danger fut passé, il ligua une partie des puissances de l'Europe contre elle. La bataille de Senef, entre les deux partis, amena le traité de paix de Nimègue. Ce traité fut suivi d'une guerre dont le premier objet ne lui fut pas honorable. Le prince d'Orange avait épousé Marie Stuart, fille de Jacques II. Le zèle de ce monarque pour la religion catholique irrita ses sujets contre lui. Son gendre résolut alors de profiter de ce soulèvement; il passa en Angleterre, chassa son beau-père du trône, et s'y mit à sa place. Après quoi il ligua une partie de l'Europe contre Louis XIV, afin qu'il ne reconnût pas le prince détrôné. Quoique vainqueur à la bataille de la Boyne, il en perdit plusieurs autres, ce qui faisait dire de lui : « Qu'avec de grandes armées, il faisait admirablement la petite guerre, comme

touc. L'Allemagne, tranquille depuis cette paix, ne fut troublée que par la guerre de 1716 contre les Turcs. L'empereur se ligua avec les Vénitiens pour les repousser. La guerre dura jusqu'en 1718, que le traité de Passarowitz donna à la maison impériale plusieurs provinces de l'empire ottoman. Cependant l'Espagne, peu effrayée des conquêtes de Charles VI, recommença ses hostilités. Une flotte espagnole débarqua en Sardaigne, et en moins de huit jours chassa les Impériaux de tout le royaume. La quadruple alliance, conclue à Londres entre la France, l'empire, la Grande-Bretagne et les États-Généraux, fut occasionée par cette conquête. Philippe V, que Charles VI avait reconnu roi d'Espagne, y accéda, et renonça aux provinces qui avaient été démembrées de ses états, comme de son côté Charles VI renonça à ses prétentions sur l'Espagne. Par la loi de la *Pragmatique sanction*, l'empereur appelait à la succession de la maison d'Autriche, au défaut d'enfans mâles, sa fille Marie-Thérèse et ses descendans, selon le droit d'aînesse. Heureux par ses armes et par ses traités, Charles VI aurait pu l'être plus long-temps, s'il n'avait travaillé à exclure le roi Stanislas du trône de Pologne. Auguste II étant mort en 1733, Charles VI fit élire Frédéric-Auguste, fils du feu roi, et appuya sa démarche des armes de la Russie. La guerre s'en suivit. La France, l'Espagne et la Sardaigne la lui déclarèrent. Le roi de Sardaigne (Victor-Amédée, à qui Charles VI avait cédé ce pays pour la Sicile, qu'il tenait de Philippe V), secondé des Français et des

ROYAUME DE PRUSSE.

tiles. La Prusse qui n'était qu'un vaste désert, fut défrichée, repeuplée et embellie, sous son second roi, Frédéric-Guillaume Ier, et surtout sous son fils, Frédéric-le-Grand, qui a perfectionné tout ce que son père avait commencé. Ce prince a résisté à une partie de l'Europe réunie contre lui dans la guerre de sept ans. Il a étendu ses états par des conquêtes, et a enrichi le commerce, comme nous le dirons en rapportant son histoire.

du roi, gagna sur le prince d'Orange la bataille de Cassel, et Créqui s'empara de Fribourg. Louis XIV ayant dicté des lois à l'Europe, victorieux depuis qu'il régnait, n'ayant assiégé aucune place qu'il n'eût prise, à la fois conquérant et politique, mérita le surnom de Grand. Les mers, nettoyées des corsaires de Barbarie, virent flotter les étendards français à Alger, qui fut bombardée en 1684. Gênes ne s'humilia pas moins devant Louis ; le doge vint à Versailles recevoir la loi du vainqueur ; il y fut traité avec honneur. Depuis long-temps Louis XIV songeait à révoquer le fameux édit de Nantes ; il voyait que les priviléges accordées par Henri IV aux protestans étaient la source de troubles fréquens : il les en priva, et fit raser leurs temples. Une telle mesure ne manqua pas de lui attirer bien des reproches ; il crut cependant qu'elle était nécessaire. Tandis que le roi travaillait ainsi à assurer la paix au dedans de l'état, l'électeur de Brandebourg, le duc de Savoie, le roi d'Espagne et le prince d'Orange formaient contre lui la ligue appelée ligue d'Augsbourg. Elle fut fatale à la France ; mais le maréchal de Luxembourg, à Fleurus, et Catinat, dans le midi, relevèrent la gloire de nos armes. L'armée navale, battue par les Anglais, à la Hogue, porta le premier coup à la force maritime de France. Il serait trop long de décrire ici les succès et les revers des armes françaises sous les dernières années du règne de Louis XIV. Nous renverrons pour cela à des histoires particulières ; cependant il sera bon de dire que depuis la bataille d'Hochstet, livrée con-

HISTOIRE DE RUSSIE.
PIERRE-LE-GRAND.

Pierre-Alexiowitz I*er*, surnommé *le Grand*, naquit l'an 1672, d'Alexis Michaëlowitz, czar de Moscovie. Il monta sur le trône au préjudice d'Ivan, son frère, ce qui occasiona une guerre civile. Elle ne fut apaisée que par la convention faite entre les deux frères de gouverner ensemble. Ce ne fut qu'en 1696 que Pierre-le-Grand se vit seul possesseur du vaste empire de Russie. Après avoir parcouru l'Allemagne, il passa en Hollande, et se rendit à Amsterdam. Déguisé en ouvrier, il se confondit dans la foule des artisans, qui l'appelaient, sans le connaître, *maître Pierre*. De la Hollande il passa en Angleterre, où il vécut comme il l'avait fait en Hollande, s'instruisant et n'oubliant rien de ce qu'il apprenait. Le roi d'Angleterre lui donna le plaisir d'un combat naval, et cette satisfaction fut pour lui très-agréable. On s'occupait alors en Russie de la construction d'un canal qui devait faire communiquer le Don au Volga. Pierre, qui voulait s'immortaliser par ce grand ouvrage, jeta, pour y travailler, les yeux sur les ingénieurs anglais. Comme il était occupé à Vienne de ses projets hardis, il apprit que Sophie, sa sœur, avait, du fond de son cloître, excité une révolte. Il se rendit en Russie, et parvint à éteindre l'incendie en faisant couler des ruisseaux de sang. Il coupa lui-même beaucoup de têtes ; la plupart des strelitz furent décimés, en sorte que ces troupes, qui avaient jusque alors fait trembler

ESPAGNE. PHILIPPE V.

puisque ce prince n'avait pas le droit d'exclure sa famille (la maison d'Allemagne) de sa succession, et que ce testament était d'ailleurs l'ouvrage du cardinal Porto-Carrero. Philippe V, quoi qu'il en soit, fut reçu en Espagne, avec de grandes acclamations de joie de la part des uns, et avec murmure par les autres. L'Angleterre, le Portugal, la Savoie le reconnurent ; mais d'autre part, plusieurs puissances de l'Europe armèrent contre lui. L'empereur Léopold, qui ambitionnait la couronne d'Espagne pour l'archiduc Charles, son fils se ligua avec l'Angleterre, le Portugal, la Savoie et le roi de

Turenne avait fait supérieurement la grande avec de petites armées. » Le roi de France l'ayant reconnu roi d'Angleterre, la paix fut rendue à l'Europe, et le traité signé à Riswick. Le testament que fit Charles II, roi d'Espagne, en faveur des Bourbons, au préjudice des princes de sa maison, ralluma la guerre : enfin, Guillaume allait remuer toute l'Europe contre la France, quand il mourut d'une chute de cheval. Quoique roi d'Angleterre, Guillaume avait conservé son titre de statbouder et était resté attaché à la Hollande. Il allait souvent s'y consoler des dégoûts que lui faisaient essuyer les Anglais. Ses manières ne les avaient jamais prévenus en sa faveur.

Anne Stuart, fille de Jacques II, fut élevée dans la religion protestante. On la maria au prince George de Danemarck, qu'elle gouverna entièrement. Après la mort de Guillaume III, époux de Marie, sa sœur aînée, les Anglais l'appelèrent au trône. Elle leur en témoigna sa reconnaissance en entrant dans toutes leurs vues. Elle donna des secours à Leopold et à Charles d'Autriche contre la France. Le duc de Marlborough, son favori et son général, acquit une gloire immortelle par ses victoires. Dans la paix qui fut conclue à Utrecht, elle ne négligea ni sa gloire ni les intérêts de sa nation. Elle mourut après avoir fait assurer à la maison de Hanovre la succession à la couronne d'Angleterre. Jacques III, son frère aîné, qui aurait dû régner après elle comme successeur des Stuarts, fut exclu au préjudice de George de Hanovre. Si cette princesse

Espagnols, s'empara en peu de temps de tout le Milanais. L'armée de Charles est aussi battue à Parme et à Guastella. Don Carlos, à la tête d'une armée espagnole, se jette dans le royaume de Naples, gagne la bataille de Bitouto, se fait déclarer roi de Naples, et, l'année suivante, roi des Deux-Siciles. Le vaincu fut trop heureux de se soumettre aux conditions de la paix, qui fut signée à Vienne. Par ce traité, le roi Stanislas abdiquait la couronne, on la mettait en possession des duchés de Lorraine et de Bar. Don Carlos gardait le royaume des Deux-Siciles ; l'empereur rentrait dans les duchés de Milan, de Parme et de Mantoue, et la France y gagnait la Lorraine et le Barrois, après la mort de Stanislas.

La mort du prince Eugène fut un surcroît de malheurs pour Charles VI. Obligé par son alliance avec la Russie de prendre part à la guerre qu'elle faisait aux Turcs, il vit ses armées, défaites de toutes parts, souffrir de la peste et de la famine. Il ne survécut pas long-temps à ce chagrin, et mourut à l'âge de cinquante-cinq ans. Le sceptre impérial, qui, depuis Philippe de Hapsbourg, était dans les mains autrichiennes, passa dans la maison de Wittelsbach, et ensuite dans celle de Lorraine. Les ennemis mêmes de Charles VI ne peuvent lui trouver de vices ; tous les historiens louent son zèle pour le bien.

PRUSSE. FRÉDÉRIC Iᵉʳ.

Frédéric Iᵉʳ, électeur de Brandebourg, fils de Frédéric surnommé le grand électeur, naquit à Kœnisberg. Le titre de roi tentait son ambition ; il fit négocier auprès de Léopold, pour l'érection du duché de Prusse en royaume. L'empereur avait refusé de reconnaître la Prusse pour un duché séculier ; mais en 1700 Frédéric Iᵉʳ, lui ayant promis de le secourir contre la France, il ne fit aucune difficulté de le reconnaître pour roi. L'Angleterre et la Hollande furent gagnées par le même motif. Les différends entre la Suède et le roi de Pologne assurèrent le consentement de ces deux couronnes, qui

tre Marlborough et le prince Eugène, l'armée française, taillée en pièces, s'affaiblit considérablement, et que les bornes de la France furent fixées au Rhin. Le cruel hiver de 1709 acheva de la désoler, et les troupes du prince Eugène la ravagèrent jusqu'à Reims ; l'alarme était à Versailles. La mort du dauphin, du duc et de la duchesse de Bourgogne remplirent d'amertume les dernières années du règne de Louis-le-Grand. Obligé de demander la paix à ceux qu'il avait attaqués, et ne pouvant l'obtenir, il ne trouva de ressource que dans sa patience et sa résignation : on le vit plus d'une fois rassurer ceux qui lui apportaient les plus fâcheuses nouvelles. Cependant, au milieu des désastres de la France, Villars force le camp des ennemis à Denain et la sauve : d'autres avantages amenèrent la paix d'Utrecht ; elle fut signée par la France et l'Espagne avec l'Angleterre, la Savoie, le Portugal, la Prusse et la Hollande, et avec l'empereur à Rastad. Par ce traité, le roi reconnut l'électeur de Brandebourg roi de Prusse, et laissa à l'Allemagne les villages qu'elle possédait avant la guerre dans les Pays-Bas. Il promit de faire démolir Dunkerque. Louis mourut peu après, âgé de soixante-dix-sept ans, Quoiqu'on lui ait reproché trop de faiblesse pour les femmes, des guerres trop légèrement entreprises, l'embrasement du Palatinat et les excès horribles commis dans cette province, la postérité admirera dans son gouvernement une conduite ferme, noble et suivie, quoique un peu trop absolue. Ses maîtres-

le czar lui-même, furent presque entièrement détruites.

Entraîné par les sollicitations d'Auguste, roi de Pologne, qui voulait détrôner Charles XII, roi de Suède, il s'arma contre ce dernier. Les commencemens de la guerre ne furent pas à l'avantage de la Russie. Cependant, l'an 1709, il vainquit à Pultava l'invincible monarque suédois, qui, après avoir vu Pierre envelopper ses troupes, et les faire prisonnières, parcourut en fugitif les terres de la Turquie, et devint captif des Turcs à Bender. Cependant les Turcs, moins excités par Charles XII que par leur propre intérêt, rompirent la trève qu'ils avaient faite avec le czar, qui eut le malheur de se laisser enfermer en 1711 par leur armée sur les bords de la rivière de Pruth. La czarine Catherine osa seule imaginer un expédient qui sauva l'armée. Pierre conclut, en 1721, avec la Suède une paix glorieuse, et continua à donner ses soins à la réforme des abus. Épuisé par une maladie douloureuse, il termina sa vie à l'âge de cinquante-trois ans, l'an 1725. La cruauté de ce prince envers Alexis, son fils, qu'on l'accuse d'avoir fait mourir, a terni aux yeux de l'Europe une partie de sa gloire.

ESPAGNE. PHILIPPE V.

Prusse, contre la France et l'Espagne. Cette ligue s'appela la grande alliance. Philippe passa en Italie, pour conserver Naples, et après s'être assuré ce royaume, il retourna en Espagne. Le roi de Portugal s'étant déclaré contre lui, il perdit, peu de temps après, plusieurs villes considérables ; la Sardaigne et le royaume de Naples lui furent successivement enlevés par les Autrichiens. Philippe obligé de sortir de Madrid, vit cette ville au pouvoir de l'ennemi, mais l'avantage de Villars à Denain, où les Anglais furent battus, l'affermit de nouveau sur le trône. Le traité de paix fut conclu à Utrecht : après ce

n'eut pas le génie d'Élisabeth, elle n'eut pas non plus ses vices.

George Ier (Louis de Brunswick, duc de Hanovre) commanda avec succès les armées impériales. La reine Anne l'ayant nommé pour lui succéder, il fut couronné roi d'Angleterre. Quelques jours après son sacre, le roi dit que la quantité de monde qu'il y avait à la cérémonie l'avait fait penser au jour de la résurrection. Milady Cooper répondit : « Sire, aussi ce jour fut-il celui de la résurrection de l'Angleterre et de tous les bons Anglais. » Réponse flatteuse, mais qui tombait à faux, puisque le règne d'Anne, qui venait de finir, était un des plus glorieux que présentent les annales de la Grande-Bretagne. La nation anglaise continua cependant à prospérer sous son règne. George mourut d'apoplexie à Osnabruck.

PRUSSE. FRÉDÉRIC Ier.

avaient un égal intérêt à ménager Frédéric ; enfin à la paix d'Utrecht, il fut généralement reconnu comme roi. On lui confirma en même temps la possession de la ville de Gueldres et de quelques autres de ce duché dont il s'était emparé. Il augmenta encore ses états de la principauté de Neufchâtel et de Valengin, et mourut en 1713. Ce prince était généreux, mais c'était aux dépens de ses sujets : il foulait les pauvres pour engraisser les riches. Sa cour était brillante, ses ambassades magnifiques, ses bâtimens somptueux et ses fêtes superbes : il fonda l'université de Hall et la société royale de Ber-

ses n'influèrent jamais sur les affaires de l'état. S'il aima les louanges, il souffrit aussi les contradictions. L'impiété n'osa jamais se montrer devant lui. Par la révocation de l'édit de Nantes, il fit peut-être des hypocrites, mais il ne fit pas de libertins. Il remplit envers sa mère les devoirs de bon fils ; infidèle à son épouse, il observa pourtant toujours avec elle les devoirs de la bienséance.

1715.

LOUIS XV, ARRIÈRE-PETIT-FILS DE LOUIS XIV, ET FILS DU DUC DE BOURGOGNE.
MARIE LEIKZINSKA.

Louis XV avait cinq ans et demi lorsqu'il monta sur le trône. Philippe, duc d'Orléans, neveu de Louis XIV, et son plus proche parent, nommé régent dans une assemblée du parlement, s'occupa d'abord du rétablissement des finances, qui se trouvaient alors dans un état déplorable. Il permit à Law, intrigant écossais, de former une banque dont on se promettait les plus grands avantages ; mais la suite des dangereuses nouveautés de ce système fut la ruine de cent mille familles, la disgrâce du chancelier d'Aguesseau, et l'exil du parlement à Pontoise. Le roi ayant été couronné à Rheims, et déclaré majeur l'année suivante 1723, le duc d'Orléans lui remit les rênes de l'état. Le cardinal Dubois fut chargé pendant quelque temps des affaires ; mais le ministre étant mort, le duc

ACHMET III. MAHOMET V, AUTREMENT MAHMOUD Ier. OSMAN III. MUSTAPHA III.

Achmet III, fils de Mahomet IV, fut nommé empereur en 1703, après la déposition de son frère Mustapha II. Les séditieux qui l'avaient élevé à l'empire le forcèrent à éloigner la sultane sa mère, qui leur était suspecte. Il leur obéit ; mais peu après, las de dépendre de ceux qui lui avaient donné la couronne, il les fit tous périr les uns après les autres, de peur qu'un jour ils ne tentassent de la lui ôter. Dès qu'il se vit affermi sur le trône, il s'appliqua à amasser des trésors. C'est le premier des Ottomans qui ait osé altérer la monnaie. Il établit de nouveaux impôts ; mais il fut obligé de s'arrêter dans ces deux entreprises, de crainte d'un soulèvement.

Charles XII, roi de Suède, vaincu à Pultava, chercha un asile auprès d'Achmet : il en fut reçu avec beaucoup d'humanité. Le sultan fit la guerre

ESPAGNE. PHILIPPE V.

traité, Philippe assura la couronne à sa postérité masculine. L'île d'Iviça et de Barcelonne, qui persistaient dans le parti autrichien, furent soumises : le maréchal de Berwick y entra en conquérant. Il y avait alors en Espagne un homme dont le génie aurait beaucoup servi à sa patrie, si une ambition démesurée n'eût rendu ses talens funestes ; c'était le cardinal Albéroni. Il s'empara en temps de paix de Palerme, ce qui irrita si fort l'empereur, qu'il accéda au traité de la triple alliance. Une flotte considérable, partie des ports d'Angleterre, celle des Espagnols fut battue, et Philippe n'obtint la paix qu'à

1715.

GEORGE Ier. GEORGE II. GEORGE III.

George-Auguste, second du nom, duc de Brunswick, était fils de George Ier. Il succéda à son père en 1727 dans ses états d'Allemagne et d'Angleterre. La même maladie l'emporta en 1760, et termina en un moment sa longue vie et son heureux règne. Politique habile, il sut gouverner un peuple qui ne sait pas obéir, et il en obtint tout ce qu'il voulut. Les armes des Anglais prospérèrent dans la guerre de 1741, que George II soutint avec gloire, et leur puissance s'accrut dans celle de 1756, qu'il ne vit pas terminer. Dans la première, il maintint la reine de Hongrie dans ses possessions, et dans la seconde, il fit des conquêtes au Nouveau-Monde; ses vaisseaux y firent des prises considérables.

George III succéda sans aucun obstacle à son grand-père George II. La guerre contre la

CHARLES VII DE BAVIÈRE. FRANÇOIS-ÉTIENNE. JOSEPH II.

Apres la mort de Charles VI, Charles VII demanda le royaume de Bohême, en vertu du testament de Ferdinand Ier, la Haute-Autriche, comme province démembrée de la Bavière, et le Tyrol, comme un héritage enlevé à sa maison. Il refusa de reconnaître l'archiduchesse Marie-Thérèse pour héritière universelle de la maison d'Autriche, protesta contre la pragmatique-sanction, dont une armée de cent mille hommes aurait dû faire la garantie, suivant la pensée du prince Eugène. Ses prétentions furent le signal de la guerre de 1741, appelée *la guerre de sept ans*. Les armes de Louis XV, qui avait solennellement adhéré à la pragmatique, firent couronner l'électeur duc d'Autriche à Lintz, roi de Bohême à Prague et empereur à Francfort; mais ces beaux commen-

PRUSSE. FRÉDÉRIC Ier.

fin. Il donna un fief de quarante mille écus à un chasseur qui lui fit tirer un cerf de haute ramure ; enfin il était grand dans les petites choses, et petit dans les grandes.

d'Orléans accepta le titre de premier ministre. Il ne le garda pas long-temps, la mort l'ayant surpris à son tour. Le duc de Bourbon le remplaça. Ce nouveau favori s'empressa de chercher une épouse au jeune monarque : il fit un excellent choix en la personne de Marie Leikzinska, fille du roi Stanislas. Une heureuse fécondité fut le fruit de cette union. Au duc de Bourbon, qui fut disgracié, succéda le cardinal de Fleury. Ce nouveau ministre profita de la confiance du roi pour réparer les maux passés.

La double élection d'un roi de Pologne alluma la guerre en Europe. Louis XV, gendre de Stanislas, le soutint contre l'électeur de Saxe, fortement appuyé par l'empereur Charles VI. Cependant l'infortuné Stanislas fut contraint d'abandonner la couronne qui lui avait été décernée et de prendre la fuite. Louis XV, pour se venger de cet affront sur l'empereur, s'unit avec l'Espagne et la Savoie contre l'Autriche. La guerre se fit en Italie, et elle fut glorieuse. Le maréchal de Villars, en finissant sa longue et brillante carrière, prit Milan et plusieurs autres villes. Parme et Guastella se soumirent au maréchal de Coigny. L'empereur venait de perdre une partie de ses états d'Italie. Il fit en conséquence la paix, mais elle ne fut utile qu'à ses ennemis. La mort de Charles VI ouvrit une nouvelle scène. La succession de la maison d'Autriche, quoique garantie à sa fille Marie-Thérèse par la pragmatique-sanction, lui fut contestée par quatre souverains. Louis XV s'unit aux rois de Prusse et de Pologne

aux Persans, aux Russes, et à la république de Venise, à laquelle il enleva la Morée. Moins heureux dans la guerre contre l'empereur d'Allemagne, il fut battu deux fois par le prince Eugène, et perdit une partie de la Bosnie, de la Valachie et de la Servie. Il se préparait à marcher contre les Perses, quand une révolution le renversa du trône en 1730. Il y plaça son neveu Mahomet V. Ce prince était en prison quand on lui apporta la couronne. Achmet III fut enfermé dans la même retraite, et mourut le 23 juin d'un coup d'apoplexie. Une de ses filles, sauvée par l'esclave Fatmé, vécut à Paris, et professa la religion catholique.

Mahomet V fut placé sur le trône l'an 1713. Les janissaires, qui lui avaient donné la couronne, exigeaient qu'il reprît les provinces conquises par les impériaux, sous les règnes précédens. Mais la guerre que l'empire ottoman soutenait contre la Perse empêcha Mahomet de porter ses vues du côté de l'Europe. Il avait d'ailleurs le caractère très-pacifique, et il gouverna les peuples avec douceur jusqu'à sa mort. Thamas-kouli-kan lui enleva la Georgie et l'Arménie. On le nomme aussi Mahmoud.

Osman III, après la mort de son frère Mahomet, parvint au trône en 1754, et son règne, qui ne dura que trois ans est peu fertile en événemens. Il défendit sous des peines sévères à ses sujets l'usage du vin.

Mustapha III, fils d'Achmet III, était renfermé depuis la déposition de son père. Livré à la mol-

ESPAGNE. PHILIPPE V.

condition qu'il renverrait son ministre. Dévoré de chagrins et d'inquiétudes, Philippe abdiqua, en faveur de Louis son fils ; mais celui-ci étant mort, Philippe reprit le sceptre. Il mourut lui-même peu après, âgé de soixante-trois ans. Il eut de sa femme, Gabrielle de Savoie, Ferdinand VI qui lui succéda.

France fut poussée avec vigueur sous son règne. Belle-Ile, sur les côtes de France, et Pondichéry, en Asie, tombèrent au pouvoir des Anglais. Pitt, ministre de Georges, s'opposa à la conclusion de la paix avec la France, à cause de l'union de cette dernière avec l'Espagne, sous le nom de *pacte de famille.* Les succès de la Grande-Bretagne en Amérique furent aussi brillans que rapides. Elle enleva aux Français les îles de la Martinique, de la Grenade, de Saint-Vincent et de Sainte-Lucie. Les Espagnols perdirent la Havane et Manille dans les Indes orientales. Tant de revers entraînèrent nécessairement la perte du commerce français et espagnol. Ces deux peuples demandèrent la paix : elle fut signée en 1763.

Le moment fatal était cependant arrivé, qui allait placer les colonies anglaises de l'Amérique septentrionale au rang des puissances souveraines. Quelques taxes demandées par le roi d'Angleterre furent la cause des troubles qui éclatèrent dans ces contrées.

Dans une assemblée où 50 représentans d'Amérique assistèrent, on rédigea une pétition au roi d'Angleterre. Les colons y demandaient paix, liberté et sûreté. Le parlement anglais rejeta la pétition, et la guerre fut décidée en 1775. Le gouvernement américain, bien décidé à se soustraire à la domination britannique, prit le nom d'États-Unis. Plusieurs combats eurent lieu entre les insurgés et les Anglais, sans qu'il s'y passât rien de remarquable, jusqu'au moment où Washington prit le commandement en chef des forces d'Amé-

cemens ne se soutinrent pas, et les troupes françaises ainsi que les troupes bavaroises furent détruites peu à peu par celles de la reine de Hongrie. La guerre était un fardeau trop pesant pour un prince accablé d'infirmités, tel qu'était Charles VII : on lui reprit tout ce qu'il avait conquis. En 1744, le roi de Prusse ayant fait une diversion dans la Bohême, Charles en profita pour recouvrer ses états. Il entra dans Munich, sa capitale, et mourut dans la quarante-huitième année de son âge.

François-Étienne de Lorraine, marié à Marie-Thérèse, fille de Charles VI, disputa la couronne impériale à Charles VII. Il fut élu empereur l'an 1745. Le fléau de la guerre désolait alors toute l'Europe; mais la paix, conclue à Aix-la-Chapelle, rendit la tranquillité à l'Allemagne. Une nouvelle guerre s'étant allumée en 1756, et ayant été terminée en 1763, laissa à l'empereur le loisir de faire fleurir le commerce, les sciences et les arts. Deux ans après, il mourut subitement en se rendant aux noces de son fils Léopold avec l'infante Marie-Louise d'Espagne. Comme il sortait du spectacle, on crut que c'était le mauvais air qui l'avait suffoqué. François est regardé comme un de ces hommes vertueux qui font le bien pour lui-même, et savent se mettre à l'abri de cette célébrité bruyante qui flatte la faiblesse et la vanité.

Joseph II, fils du précédent et de Marie-Thérèse, élu roi des Romains en 1764, succéda l'année suivante à son père. Soit que pour cause de santé il eût besoin d'exercice, il parcourut une

PRUSSE.
FRÉDÉRIC-GUILLAUME Ier.

Frédéric-Guillaume Ier, commença à régner en 1713, sous les auspices favorables de la paix. Toute son attention se tourna d'abord sur l'intérieur du gouvernement : il rétablit l'ordre dans les finances, la police et la justice. L'Espagne et la France avaient reconnu sa royauté, ainsi que la souveraineté de la principauté d'Orange. Le Nord était en feu par les querelles de Charles XII. Frédéric ne voulut

14.

pour faire élire Charles-Albert, électeur de Bavière. Créé lieutenant-général du roi de France,
il se rend à Prague, et s'y fait couronner roi de
Bohême, puis de là à Francfort, où il reçoit la
couronne impériale, sous le nom de Charles VII.
La bataille de Dettingue, gagnée par l'Angleterre
contre la France diminue pourtant ses espérances.
Louis XV fait ses premières armes au printemps,
s'empare de Menin, d'Ipres et de Courtray. Mais,
tandis qu'il poursuit Charles de Lorraine, général
de l'armée ennemie, il est réduit à l'extrémité
par une maladie dangereuse. Ce fut en cette occasion que ses peuples lui donnèrent le surnom
de Bien-Aimé. A peine rétabli, il va prendre Fribourg; Raucoux, Lemfeld, et d'autres villes de
Flandre lui ouvrent leurs portes. Les affaires
d'Italie étaient loin de répondre pour le succès à
celles du Nord. Plaisance avait cédé à l'ennemi, et
le maréchal de Maillebois, qui la défendait au
nom du roi, avait repassé les Alpes. Les troupes
de la Savoie et celles de la Hongrie ravageaient la
Provence. De leur côté les Anglais ruinaient notre
commerce par leurs conquêtes en Amérique. Le
roi de Prusse, auparavant allié des Français, se
ligua avec l'Angleterre, tandis que l'Autriche s'u-
nit avec la France. D'abord les Anglais furent
battus dans le Canada, et craignirent une invasion dans leurs îles. Port-Mahon leur fut enlevé
par le maréchal de Richelieu. Le maréchal d'Es-
trée gagnait, d'un autre côté, la bataille de Has-
tembeck sur le duc de Cumberland. Une armée
française, jointe à celle des Cercles passa en Saxe,

lesse et aux plaisirs de son sérail, incapable de
tenir les rênes de son empire, il les confia à des
ministres qui firent des fautes ou des injustices
sous son nom. Il s'occupa à amasser des piastres,
et laissa soixante millions dans son trésor. Il
mourut en 1744, avant d'avoir vu la guerre funeste qui s'éleva sous son règne entre la Russie et
la Porte, relativement aux troubles de la Pologne.
Son règne est remarquable par l'expédition de la
czarine dans l'Archipel et dans la Morée. A la vérité, elle n'eut pas les résultats qu'on s'en était
promis; mais elle fit du moins pressentir une
époque plus heureuse. Elle a réveillé les Grecs de
leur assoupissement; la main qui est venu faire
briller à leurs yeux l'étendard de l'indépendance
n'est pas, il est vrai, une main libérale et désinté-
ressée, puisqu'elle présente en même temps des
chaînes à la Pologne; mais la Grèce a retenti d'un
mot sacré, oublié depuis bien long-temps : le souvenir de son ancienne gloire s'est ranimé. L'op-
pression, devenue plus cruelle et plus active, va
donner un ressort nouveau à l'énergie des oppri-
més, et bientôt nous les verrons, artisans de leur
propre sort, courir aux armes, sans attendre les
secours de l'étranger.

PHILIPPE V, FERDINAND VI.

Ce prince, fils de Philippe V, monta sur le trône après la mort de son père en 1746. Il prit part à
la guerre de 1741, et surtout à la paix signée sept ans après, et qui procura à un de ses frères les duchés de Parme et de Plaisance. Il profita de ce calme passager pour réformer les abus introduits dans
les finances : il rétablit la marine, et protégea le commerce, les arts et l'agriculture. L'Espagne fécon-
dée par ses bienfaits, vit sortir de son sein, des manufactures de tout genre : par ses soins, les Espa-

rique. Les Anglais, contraints d'évacuer Boston, livrèrent cette ville aux insurgés. Ce revers engagea l'Angleterre à faire de nouvelles recrues pour les colonies : elle prit à sa solde vingt mille Allemands, qu'elle y envoya. Le congrès américain, loin d'être déconcerté de cet accroissement, prononça l'indépendance de l'Amérique, et abattit la statue équestre de Georges III.

Les Anglais essayèrent en vain de prendre Charles-Town : ils en furent repoussés. Ils furent plus heureux devant New-Yorck ; et, si le général eût poursuivi Washington, il est probable qu'il eût terminé la querelle à l'avantage de l'Angleterre ; mais Washington, profitant en général habile de la faute de son ennemi, fondit à Trenton sur un corps de Hessois, et remporta sur lui un grand avantage. La mauvaise saison suspendit pourtant les hostilités. La France, toujours rivale de l'Angleterre, saisit avec empressement l'occasion d'accabler sa puissance, et, dans un traité signé à Paris, reconnut l'indépendance illimitée des États-Unis. En vain Gerges III envoya à Philadelphie des commissaires pour traiter de la paix; il était trop tard : leurs propositions ne furent pas écoutées.

Une rupture entre la France et l'Angleterre devait être le résultat de la conduite de cette première puissance. L'amiral Keppel lui ayant pris deux frégates, la cour de Versailles donna ordre qu'on usât de représailles. Au combat d'Ouessan succédèrent la prise de Pondichéry et celle de Sainte-Lucie par les Anglais. La Dominique,

grande partie de l'Europe, et apprit une multitude de choses, qu'il résolut de mettre à exécution après la mort de sa mère, qui arriva en 1780.

Cette princesse, qui pour le courage a égalé de grands rois, sut résister à une partie de l'Europe, qui avait résolu de lui enlever l'héritage de Charles VI, son père. Obligée de céder d'abord à l'orage, elle avait quitté l'Autriche, dont Charles-Albert s'était fait déclarer archiduc, et s'était jetée entre les bras des Hongrois, qui résolurent de périr tous plutôt que de l'abandonner. Sa fermeté, ses grands talens et l'amour de ses sujets la firent triompher. Elle gagna, sous main, l'Angleterre, qui lui fournit de l'argent, et la bataille d'Ettingen, à laquelle assistèrent Georges II et le duc de Cumberland, assura la couronne à Marie-Thérèse, qui, en 1745, eut le bonheur de l'assurer à son époux. Mais revenons à Joseph II. L'année 1782 fut remarquable par la révolte des Valasques. Ils dévastèrent la Transilvanie d'une manière horrible : les nobles et les ecclésiastiques y furent tous massacrés. La guerre contre les Turcs occupa aussi l'empereur ; ses tentatives sur Bellegrade l'avaient allumée. D'abord les succès furent mélangés de revers. On craignait que le grand-visir ne fît le siége de Temeswar, ce qui aurait embarrassé les Autrichiens; mais il prit le parti de la retraite. L'année suivante, Bellegrade fut emportée par les troupes de l'empereur. La joie qu'il éprouva de cette conquête ne diminuait rien des douleurs qu'il ressentait depuis long-temps. La commotion que de nouveaux systèmes avaient

PRUSSE. FRÉDÉRIC-GUILLAUME Ier.

pas s'en mêler, et tandis que ce héros soldat perdait ses plus riches provinces, Frédéric acquérait la baronnie de Limbourg, dans la Souabe. Obligée cependant de prendre les armes contre le roi de Suède, qui l'avait irrité, sans vouloir lui faire réparation, il ne put s'empêcher de s'écrier : Ah ! faut-il qu'un roi que j'estime me contraigne à devenir son ennemi !... Ses armes eurent un succès heureux. Il chassa les Suédois de Straslund, et revint vainqueur à Berlin, sans vouloir permettre qu'on

et y perdit la bataille de Rosbach ; mais, après différens combats, les princes songèrent à la paix. La France en avait grand besoin : les conquêtes des Anglais dans les Indes y avaient ruiné son commerce ; ils l'avaient aussi anéanti en Afrique et en Amérique. Le pacte de famille conclu en 1761 entre toutes les branches souveraines de la maison de France ne les avait pas empêchés d'enlever aux Espagnols la Havane et l'île de Cuba.

Par le traité de Paris, la France céda à l'Angleterre Louisbourg ou le cap Breton, le Canada, toutes les terres sur la gauche de Mississipi. L'Espagne ajouta encore la Floride, et les Anglais gagnèrent 1,500 lieues de pays en Amérique. On leur abandonna le Sénégal, et ils restituèrent l'île de Gorée ; Minorque fut échangée contre Belle-Ile. Telle fut la fin de cette guerre si funeste à la France. Les années qui suivirent furent tranquilles, si l'on en excepte l'affaire du duc de Parme avec Clément XIII, qui engagea le roi à se rendre maître du comtat Venaissin. Les conquêtes dans la Corse et les changemens arrivés dans la magistrature, l'extinction des jésuites, datent aussi de la fin du règne de Louis XV. Ce prince mourut de la petite vérole. L'histoire, atteinte sous ce règne du souffle brûlant de la philosophie, a subi une entière métamorphose : la dépravation des mœurs, dont le roi donna lui-même l'exemple, influa beaucoup sur notre révolution.

CATHÉRINE. PIERRE II. ANNE. IVAN. ÉLISABETH. PIERRE III.

Cathérine, née de parens pauvres, captiva le cœur de Pierre-le-Grand, qui l'éleva au rang d'impératrice ; elle ne démentit pas sur le trône les grandes qualités qui l'y avaient fait monter. Après la mort de son époux, elle acheva toutes les entreprises qu'il avait commencées ; elle fit abattre les potences et les roues. La Russie perdit cette femme célèbre à l'âge de trente-huit ans. C'était une princesse d'une fermeté extraordinaire ; elle suivait Pierre-le-Grand dans toutes ses expéditions, et lui rendit de grands services dans la malheureuse affaire de Pruth.

Pierre II, Alexiowitz, fils du malheureux prince Alexis, que Pierre-le-Grand priva de la vie, succéda à l'impératrice Cathérine. Il mourut à l'âge de quinze ans. La disgrâce du fameux Menzicof, premier ministre, est presque le seul événement de ce règne. Anne Iwanowna, épouse du duc de Courlande et nièce de Pierre-le-Grand, succéda à Pierre II. Elle sut favoriser le commerce et se faire rechercher tour à tour par les grandes puissances. Elle mourut âgée de quarante-sept ans. Ivan ou Jean VI fut déclaré empereur après la mort d'Anne sa grand'tante ; mais ce malheureux prince fut enfermé dès l'âge de trois mois dans une forteresse, où son gardien l'assassina à l'âge de vingt-quatre ans.

Élisabeth-Petrowna monta sur le trône au moyen de la révolution qui en fit descendre Ivan. Elle était fille de Pierre-le-Grand, et ne s'était

ESPAGNE. FERDINAND VI. CHARLES III.

gnols, auparavant tributaires de l'industrie des autres nations, virent abonder chez eux les matières premières et les productions des arts. Ferdinand VI mourut sans postérité, âgé de quarante-six ans, son frère Charles lui succéda, sa santé toujours chancelante l'empêcha de faire tout ce qu'il aurait voulu.

Charles III nommé roi des Deux-Siciles, puis roi d'Espagne, prit deux fois parti dans la guerre de la France contre l'Angleterre et fit d'inutiles efforts pour recouvrer Gibraltar. Tel est le portrait que

Saint-Vincent et la Grenade tombèrent en même temps en notre pouvoir. L'Espagne, trouvant qu'il était de son intérêt de se liguer avec la France contre l'Angleterre, prit ce parti ; et d'accord, elles eurent toutes les apparences du succès dans la Manche. De nouveaux ennemis exercèrent l'activité anglaise. La Hollande se déclara contre eux, mais ce fut pour son malheur.

Les Français s'emparèrent en même temps de Tabago, et les Espagnols, plus heureux encore, s'emparèrent de toute la Floride occidentale ; mais le moment était arrivé où les insurgés d'Amérique allaient triompher. Le comte Cornwalis commandait les troupes de Georges III. Il se vit investi à York-Town par Washington, et obligé de se rendre à discrétion avec toute son armée. L'amiral Bodney battit heureusement le comte de Grasse près de la Jamaïque. La Grande-Bretagne, prévoyant qu'elle ne pourrait pas s'opposer à l'indépendance de l'Amérique, la reconnut dans un traité de paix, conclu à cette intention.

Pendant que la France était agitée par une révolution dont l'histoire offre peu d'exemples, les Anglais portèrent la guerre dans l'Inde, et firent écrouler à Seringapatan, capitale du royaume de Mysore, le trône du fameux Typoo-Saïb, qui périt en le défendant.

Ici finit la narration sur l'histoire d'Angleterre, dont les faits ont eu des rapports avec la France jusqu'en 1793.

produite en Hongrie, en Autriche, dans le Milanais, le Tyrol, mais surtout dans les Pays-Bas, l'affligeait sensiblement. Dans cette dernière contrée la rébellion était complète, et les troupes autrichiennes furent contraintes d'en sortir. Excepté Luxembourg, les autres villes déclarèrent l'empereur déchu. Ils prétendaient qu'il avait abusé du pouvoir, et avait lésé leurs droits. En vain Joseph II s'adressa au pape : la voix du pasteur ne fut pas plus puissante que la sienne. Le chagrin qu'il en éprouva le conduisit au tombeau en 1790. Ce prince était plein de courage et d'activité. Son zèle contre les abus fut quelquefois outré, parce que la lumière lui manqua. Il faut en attribuer la faute à ses instituteurs, qui dirigèrent mal les heureuses dispositions de son esprit et de son cœur.

PRUSSE. FRÉDÉRIC-GUILLAUME Ier.

lui élevât un arc de triomphe. Après s'être occupé des lois, Frédéric repeupla la Prusse, et la Poméranie, que la peste avait dévastées. Il fit venir des colonies de la Suisse, de la Souabe, du Palatinat, et les y établit à grands frais. Son armée, en peu de temps monta à soixante mille hommes, nombre excessif pour l'étendue de ses états. Ce fut à Potzdam qu'il établit sa résidence, il en fit une belle ville, où il fit peu à peu fleurir les arts. D'autres beaux établissemens lui doivent leur institution. Fré-

jamais mariée ; elle montra une constante fidélité envers ses alliés dans les guerres entre la France et l'Allemagne. La Russie la perdit l'an 1762, à l'âge de cinquante un an. Elle avait promis par vœu de ne faire mourir personne tant qu'elle serait sur le trône.

Pierre III, fils d'Anne Petrowna et petit-fils de Pierre-le-Grand, fut déclaré empereur après la mort de sa mère; mais il ne jouit pas long-temps du trône. On prétend que son inapplication, son amour pour le plaisir et pour les nouveautés, fit murmurer tous les ordres de l'état : il fut détrôné en juillet 1762 : Catherine II, son épouse, monta sur le trône.

1774.

LOUIS XVI, PETIT-FILS DE LOUIS XV, ET FILS DU GRAND-DAUPHIN. MARIE-ANTOINETTE.

Louis XVI, fils de Louis dauphin, et de Marie-Josephine de Saxe, fille de Stanislas, roi de Pologne, monta sur le trône après la mort de son aïeul. On a prétendu que Louis avait eu une éducation manquée, en quoi l'on s'est trompé, car il avait l'esprit cultivé et le cœur vertueux. Dès ses premières années, Louis témoigna du respect pour les mœurs, un grand attachement pour la religion et une sensibilité extrême; ses délassemens étaient la promenade et la chasse. Le cabi-

ABDUL-HAMID. SELIM III.

Avant d'expirer, Mustapha III manda Abdul-Hamid, son frère, qui était âgé de cinquante ans, et lui remit le sceptre.

La guerre commencée avec les Russes sous le règne de Mustapha fut poussée avec vigueur par le nouvel empereur, que les conquêtes des généraux Romanzow et Souwarow contraignirent à demander la paix. L'insurrection des Grecs contre les Ottomans avait éclaté pendant la guerre, et Hassan, chargé de châtier les rebelles, fit couper assez de têtes pour fortifier le parti des insurgés.

ESPAGNE. CHARLES III.

trace de lui un auteur véridique : Ce roi est de la plus stricte probité, incapable d'adopter aucun projet, à moins qu'il n'ait la persuasion intime qu'il est juste et honnête. Il est sévère dans sa morale, et fortement attaché à sa religion. La régularité de sa vie le rend très-rigide sur celle de ses enfans ; les arts et les sciences ont en lui un protecteur magnifique, parce qu'il croit qu'il est du devoir d'un roi de les chérir et de les faire fleurir dans son royaume. Il mourut à Madrid, l'an 1788, dans de grands sentimens de piété.

1774.

CATHERINE II.

Catherine II, impératrice de Russie, naquit le 2 mai 1729 à Stettin, dont son père, le prince Christian-Auguste, était gouverneur pour le roi de Prusse. Destinée pour épouse à Pierre, neveu et successeur d'Élisabeth, elle fut amenée à Moscou par Jeanne-Élisabeth de Holstein sa mère. Soit que le grand-duc Pierre, dont les manières étaient peu aimables, ne sût pas gagner le cœur de son épouse, ou que celle-ci eût pour lui de l'éloignement, ils passèrent dix-sept ans dans une espèce d'indifférence réciproque, qui ressemblait beaucoup à

JOSEPH II. LÉOPOLD II. FRANÇOIS II.

La mort de l'empereur Joseph II, arrivée en 1790, fit monter Léopold II sur le trône. Il partit pour Vienne afin de prendre le gouvernement de ses états. Le mécontentement des Toscans éclata alors d'une manière terrible. Pour les apaiser, on leur adressa le redressement de leurs griefs ; mais bientôt ils furent sévèrement punis : plus de six cents furent condamnés aux galères. Léopold, couronné en 1790, conclut l'année suivante la paix avec les Turcs, en rendant Bellegrade et presque toutes les places conquises. Il était entré dans la

PRUSSE. FRÉDÉRIC-GUILLAUME Ier. FRÉDÉRIC II.

déric, aussi bon père que bon roi, se montra pourtant très-sévère envers son fils ; il l'accoutuma à la plus aveugle obéissance. Ce fut en 1740 que mourut Frédéric-Guillaume. Ses peuples le regrettèrent.

Frédéric II, autrement appelé le Grand, succéda à son père en 1740. Cette même année, il entra dans la Silésie, qu'il enleva à l'héritière de Charles VI, Marie-Thérèse ; d'autres places plus considérables se soumirent aussi à son obéissance. Par le traité de paix conclu avec l'Autriche, Frédéric enrichit ses états du comté de Glatz en Bohême et de la Basse-Silésie. L'extrémité où les succès de l'im-

net de Vienne , ainsi que celui de Versailles , pour mettre fin aux discussions qui avaient désolé la France et l'Allemagne , convinrent dans leur traité de conclure une quadruple alliance entre les familles de Bourbon et d'Autriche : cette réunion commença par le mariage du dauphin avec Marie-Antoinette , l'an 1770. La ville de Paris donna à cette occasion une fête magnifique sur la place Louis-Quinze; mais une catastrophe épouvantable entroubla la joie : des tréteaux qui s'écroulèrent, blessèrent près de quatre mille personnes qui s'étaient placées dessus. Louis envoya sur-le-champ des secours en argent aux pauvres blessés. Quand il prit en main les rênes de l'état, il nomma M. de Vergennes aux affaires étrangères , M. de Maurepas à la tête des finances; Turgot fut nommé contrôleur-général, et enfin Malesherbes fut employé dans le conseil. La difficulté des circonstances put seule mettre obstacle au bien que les ministres auraient voulu faire. Les premiers édits du règne de Louis XVI rétablirent le calme parmi les créanciers de l'état. Il promit d'acquiter la dette publique , lui-même donna l'exemple de l'économie. Louis XVI , enfin , eut tout à réparer , et en peu d'années , il répara tout. Le crédit national commença à renaître; l'agriculture et le commerce refleurirent , et tout sembla présager un règne de longue prospérité ; mais la funeste guerre d'Amérique vint l'interrompre. Les États-Unis avaient proclamé leur indépendance en 1766; malgré

Un grand nombre déserta pour aller jouir des priviléges que Catherine voulait bien leur accorder ; car cette princesse avait toujours en vue l'affaiblissement de la Porte; c'était vers ce but que tendaient toutes ses démarches , et tant sur terre que sur mer elle y réussit.

Le siége de Kilbourn , où Hassan eut à la fois à combattre le général Souwarow , et la marine russe porta un coup funeste à la puissance ottomane. Les Russes entrèrent en vainqueur dans la ville , en 1789. Le sang de vingt-cinq mille victimes inonda les remparts. Tandis qu'on se préparait à entrer en campagne , Abdul-Hamid mourut. Ses sujets , qui l'avaient respecté , le regrettèrent, et ne lui attribuèrent pas leurs malheurs.

Selim III , fils d'Abdul-Hamid , succéda à son oncle Abdul-Hamid. Il monta sur le trône dans des circonstances très-critiques. Depuis deux ans, la Porte soutenait une guerre malheureuse contre l'Autriche et la Russie. Les Turcs eurent d'abord l'avantage ; mais dans une rencontre , l'empereur Joseph II, neveu de l'archiduc François, (aujourd'hui François II) , furent sur le point d'être faits prisonniers, et ne dûrent leur salut qu'à la vitesse de leurs chevaux ; mais les Ottomans furent constamment battus dans la suite et par terre et par mer par les généraux autrichiens et par les Russes. Selim se vit alors contraint de faire une levée de cent cinquante mille hommes pour réparer les pertes considérables qu'avait faites son armée.

ESPAGNE. CHARLES IV.

Charles IV , roi d'Espagne et des Indes, fils de Charles III et de Marie-Amélie de Saxe, naquit à Naples en 1748. Appelé au trône d'Espagne après la mort de son père, il épousa Marie-Louise de Parme, L'insurrection de Madrid en, 1772, avait obligé Charles III à renvoyer son ministre, et Floridabanca qui le remplaça , ne donna au prince des Asturies, aucun sujet de se plaindre de lui. Charles III, dont le caractère fougueux avait fait présager dès sa jeunesse, qu'il serait un prince dur et sévère , montra en montant sur le trône, l'an 1789, ce que peuvent dans une âme bien née, l'éduca-

l'aversion. La cour de Russie n'offrait à Catherine que de mauvais exemples à suivre : le vice s'y montrait à découvert. Alexandre Poniatowski, célèbre par sa haute fortune et par ses malheurs, fixa le cœur de la grande-duchesse, et leur intelligence n'échappa pas à l'impératrice Élisabeth, qui ne parut pas la désapprouver, et à sa recommandation, Auguste III, roi de Pologne, nomma Poniatowski à l'ambassade de Saint-Pétersbourg. La France, alors en guerre avec l'Angleterre, avait contracté avec l'Autriche une alliance dans laquelle elle avait fait entrer la Russie. Poniatowski, intimement lié avec le chevalier Williams, ambassadeur d'Angleterre, faisait craindre qu'il ne fît partager ses opinions politiques à la grande-duchesse. Aussi, tandis qu'Élisabeth servait fidèlement ses alliés, son héritier embrassait le parti du roi de Prusse, et la grande-duchesse était amie des Anglais. Louis XV, instruit de tout par son ambassadeur à la cour de Russie, et ayant un grand ascendant sur le roi de Pologne, père de la dauphine, obtint que Poniatowski fût rappelé. Catherine parut d'abord inconsolable, mais un nouveau choix vint la consoler. La mort d'Élisabeth appela au trône Pierre III. Ce prince, peu fait pour régner, ne méritait cependant pas les traitemens atroces qu'on lui fit éprouver. Orloff, successeur de Poniatowski dans la faveur d'Élisabeth, ne seconda que trop bien son ambition. Il eut la cruauté d'étrangler le malheureux empereur dans une prison où l'avait fait enfermer Élisabeth. Malgré les efforts que fit cette princesse

possession de la Belgique, que l'Angleterre, la Prusse et la Hollande obligèrent de se soumettre à lui. Mais son attachement à ses projets de réforme empêcha la paix de renaître dans ces provinces. Léopold était, dit-on, sur le point de prendre un parti quelconque dans les affaires de France quand la mort vint le surprendre en 1792. Ce prince avait gouverné vingt-cinq ans le grand-duché de Toscane. Son fils aîné, François II, règne aujourd'hui sur l'Autriche et une partie de l'Italie.

PRUSSE. FRÉDÉRIC II.

pératrice Marie-Thérèse avaient réduit l'empereur Charles VII et ses alliés, engagea le roi de Prusse à reprendre les armes. Il s'empara de Prague en 1744; mais les Hongrois la reprirent. Depuis la victoire remportée à Friedberg sur les Autrichiens et les Saxons, qui fut suivie d'un traité, Frédéric s'appliqua tout entier au gouvernement intérieur de ses états, à protéger le commerce, à embellir les villes et surtout sa capitale. Sous le soupçon d'une alliance formée entre le roi de Pologne et l'impératrice-reine, il entra brusquement en Saxe, combattit le général Brown en 1756, s'empara de toute

'habileté de Washington, leur chef, leur cause était perdue sans le secours d'une puissance alliée: ils implorèrent celui de la France.

Les manières engageantes de Franklin, leur député, l'avis général des ministres, l'opinion publique, tout enfin entraîna Louis XVI à accéder à cette alliance impolitique, quoiqu'il en prévît les funestes suites. Il signa enfin la déclaration, où il reconnaissait l'indépendance des États-Unis. D'abord M. de la Fayette, général des armées françaises, marcha sur le continent de succès en succès; d'autres braves soutinrent aussi sur mer l'honneur du pavillon français. Les Anglais perdirent leurs colonies; mais la France eut bientôt à éprouver les effets de leur ressentiment: ils ruinèrent son commerce avec la Russie, et du côté du midi, celui que nous avions avec les Échelles du Levant. Les frais immenses de la guerre avec l'Amérique dispersèrent les fonds que la sage économie du roi avait amassés. Turgot, disgracié, fut remplacé par Clugny, et celui-ci étant mort, Tabourot eut le contrôle des finances; le fameux de Necker lui fut adjoint: loin de s'améliorer, les finances tombèrent dans un état déplorable. Necker, remplacé successivement par d'Ormesson, Fleury et Calonne, s'était retiré mécontent, parce que le roi l'était de lui: toute la confiance du monarque se reporta sur M. de Vergennes. Calonne suivit le même système d'emprunt que ses prédécesseurs, quoique ce fût contre l'avis du roi, et la méfiance publique fut à son comble. Les circonstances devenant de plus en plus critiques,

Cette guerre, excitée par les cabinets de Berlin et de Sainte-James, fut très glorieuse pour les Austro-Russes. Laudon et Souwarow s'y signalèrent; le dernier s'empara d'Imaïlow, où périrent quinze mille Turcs. Le vieux Hassan, capitan-pacha, le soutien de l'empire ottoman, s'étant laissé battre par le prince de Nassau, eut la tête tranchée par l'ordre de l'injuste et ingrat Sélim; enfin, après tous ces désastres, le sultan, par la médiation de l'Angleterre et de la Prusse, qu'il avait pu faire entrer dans ses intérêts, conclut la paix en 1791. Ce qui nous reste à rapporter de l'histoire de ce prince dépasserait l'époque de la révolution française.

ESPAGNE. CHARLES IV.

tion et la bonne volonté : on le vit tout autre. A la grande vivacité qui l'avait distingué succéda un calme que rien ne pouvait altérer, et la moindre émotion lui faisait répandre des larmes. Mais son aveugle prédilection pour un favori l'entraîna dans des écarts qui ont terni ses brillantes qualités. Don Manuel Godoy avait été introduit à la cour par la reine; le monarque donna à ce jeune homme des marques de bienveillance, puis après, finit par mettre entre ses mains les intérêts de sa famille

pour s'attirer l'estime des peuples après la sanglante catastrophe de la mort de son époux, le nombre des mécontens augmenta tous les jours, et des complots se formèrent à Saint-Pétersbourg et à Moscou; l'assassinat d'Ivan le jeune, héritier de Pierre III, et qui, en 1664, fut trouvé étranglé dans la prison de Shlusselbourg, ne fit que les accroître; mais l'adroite impératrice sut déjouer les projets de ses ennemis, en apaisant les plus dangereux par d'éminens emplois. Du sein des plaisirs, Catherine n'oublia pas la législation de son royaume : elle travailla, dit-on, à un code qu'elle écrivit en français. Toute l'Europe parla d'elle comme d'une nouvelle Sémiramis. Les députés russes la nommèrent Mère de la patrie. Plusieurs villes de la Crimée s'étant révoltées, elle s'y montra, et fit sur le Volga aussi bien que sur le Borysthène une navigation qui n'était pas sans danger. Enfin, après avoir étonné son siècle, cette princesse mourut d'apoplexie l'an 1796, au moment où après avoir apaisé les révoltes de la Pologne, qui venait d'imiter la France dans son esprit d'insurrection, elle allait essayer de rétablir l'empire du Mogol.

PRUSSE. FRÉDÉRIC II.

l'armée saxonne, composée de quatorze mille hommes, renfermés dans le camp de Pirna. S'étant ensuite avancé devant Prague, il en fit le siége, mais obligé de combattre le comte de Daun, il se retourna vers Rolin. Là, voyant ses troupes repoussées, et croyant qu'elles hésitaient à combattre : « Voulez-vous, leur dit-il, vivre éternellement !.... » Cette exhortation singulière les fit avancer; mais elles furent défaites. Alors Frédéric leva le siége et évacua la Bohême. La même année, ses troupes

Calonne conseilla au roi de convoquer l'assemblée
des notables, ce qui eut lieu en 1787. Le déficit
de cent douze millions, sembla effrayer l'assemblée; elle se sépara sans rien conclure : Calonne,
renvoyé, se retira en Angleterre, après avoir accusé Necker d'être l'auteur du déficit. L'archevêque de Brienne succéda à Calonne. il proposa
l'impôt du timbre et la subvention territoriale ;
celle-ci portait sur les grands propriétaires, et les
membres du parlement ne consultant que leurs
intérêts, soutenus par la haine publique contre les
ministres, se refusèrent d'enregistrer les deux impôts, et dès-lors la révolution commença. Necker
avait remplacé M. de Brienne; il engagea le roi,
d'accord avec le parlement, à convoquer les états-
généraux; Louis XVI y consentit. L'ouverture
s'en fit à Versailles en 1789. Quant au déficit,
un dévouement généreux de quelques hommes
vertueux l'aurait facilement comblé ; mais chaque
ordre, ne calculant que son propre intérêt, voulait jeter sur les deux autres le fardeau de la dette
publique, et on n'aperçut en eux d'autre envie que
celle de se sacrifier mutuellement. L'entrée triom-
phante de Voltaire, dès l'année 1778, avait considérablement changé les esprits, et le philoso-
phisme avait fait des progrès rapides. Le tiers-
état, fier de sa force imposante, sur la motion de
l'abbé Sieyes, se constitua en assemblée nationale. La noblesse et le clergé étaient séparés : Necker proposa au roi de les réunir. Le monarque
répondit d'un ton ferme qu'il l'exigeait. Des fac-

ESPAGNE. PHILIPPE IV.

et ceux de ses sujets. Cependant la révolution française était arrivée au point le plus terrible de sa
crise. Invitée par les autres puissances de l'Europe à déclarer la guerre à la France, l'Espagne refusa
d'abord d'entrer dans la coalition ; mais quand Charles IV apprit que les jours de Louis XVI étaient
menacés, il n'y eut pas de sacrifices qu'il n'offrît de faire pour son parent et son allié. Il écrivit en sa

PRUSSE. FRÉDÉRIC II.

furent défaites par les Autrichiens sur la Neiss ; mais la victoire de Rosbach, qu'il remporta sur les Français, le dédommagea de ces revers. Les Russes s'emparèrent, à la journée de Hochkirchen, des tentes et des bagages des Prussiens. Dix milles restèrent sur la place à Landshut ; là aussi le général français Fouquet fut fait prisonnier par le vaillant maréchal autrichien Laudon. L'honneur de la

tions commençaient pourtant à se montrer à découvert; celle d'Orléans n'oubliait rien pour augmenter les troubles; des clubs s'établissaient partout, et le Palais-Royal était le rendez-vous des ennemis du roi. Les détails de notre révolution sont trop longs pour que j'entreprenne de les décrire; je dépasserais les bornes que je me suis prescrites, de dresser simplement un tableau chronologique; assez d'histoires en sont remplies. Il ne me reste plus à dire, pour terminer, que depuis la journée du 10 août 1792, Louis XVI ne trouva aucun moyen de mettre sa personne en sûreté : il s'aperçut que sa grande bonté l'avait conduit au bord de l'abîme, et y ferait descendre avec lui sa famille et bien d'autres victimes encore. En effet, conduit le 13 août dans la tour du Temple, l'on procéda avec chaleur dans l'assemblée à sa condamnation, et la sentence de mort portée contre lui fut exécutée le 21 janvier 1793.

ESPAGNE. PHILIPPE V.

faveur à l'assemblée nationale, et sa lettre n'ayant produit aucun effet, il donna ordre à son ministre Godoy, autrement nommé le prince de la Paix, de déclarer la guerre à la France.

Les résultats de cette guerre, qui commença en 1793, ne seront pas décrits ici, puisque nous terminerons ce qui regarde l'histoire de Charles IV à la révolution française.

journée de Torgau cependant resta tout entier à Frédéric. Le monarque prussien eut besoin de son extrême courage pour supporter les revers qui lui survinrent à la fois de la part des Russes, quand la mort de la czarine changea la face des affaires et amena la paix. Les divisions de la Pologne ayant inspiré, en 1772, aux puissances voisines le projet de la démembrer, Frédéric eut pour sa part la Prusse polonaise et quelques autres districts. Les prétentions que l'impératrice forma sur la Bavière, après la mort de l'électeur Maximilien-Joseph, en 1777, rallumèrent la guerre, qui dura deux ans. Enfin, par le traité conclu à Teschen, on ajouta à l'Autriche quelques districts de la Bavière. Frédéric était occupé à former une ligue qu'il croyait nécessaire à la sûreté de l'Allemagne, lorsque la diminution de ses forces l'avertit que sa fin n'était pas éloignée : il mourut, en effet, peu de temps après à Potzdam. Un génie vaste, vif, rapide, une étendue de vues qui embrassait tout, une promptitude qui réunissait presque au même instant le projet et l'exécution, la science de la guerre portée à son comble, un fonds inépuisable de richesses personnelles et politiques dans les circonstances les plus pénibles, seront toujours des idées attachées au nom de Frédéric. Il aima les sciences, les arts, et fut l'ami des gens instruits.

FRÉDÉRIC-GUILLAUME II.

Ce prince, fils du frère du grand Frédéric, naquit en 1744. Élevé d'après les principes de son oncle, ce fut sous lui qu'il apprit le métier des armes, vers la fin de la guerre de sept ans. Frédéric-Guillaume II montra d'abord des intentions de bienfaisance, et parut mettre beaucoup de zèle à se faire la réputation d'un prince juste et loyal. Il voulut que ses sujets jouissent d'une grande liberté; mais d'un autre côté il se montra jaloux de son autorité. Retenu long-temps par la sévérité de son oncle, dès qu'il l'eut perdu, il se livra sans réserve à sa passion pour les femmes. Un autre travers jeta peut-être encore plus de ridicule sur Frédéric : ce fut sa crédulité pour les illuminés, alors très-nombreux en Allemagne. Il accueillit dans son palais tous les hommes de cette secte. En 1792, il se mit à la tête de la coalition qui devait rétablir Louis XVI sur le trône, et pénétra en France à la tête d'une armée de quatre-vingt mille hommes; mais ayant négocié avec le parti révolutionnaire, il revint sur le Rhin, et combattit encore deux ans sans résultats.

RÉSUMÉ

DES BATAILLES ET TRAITÉS

QUI ONT EU LIEU SOUS LES ROIS DE FRANCE, DEPUIS CLOVIS
JUSQU'A LA RÉVOLUTION DE 1793.

496. CLOVIS Ier.

Bataille de Tolbiac, gagnée par Clovis sur les Allemands.

· 507. *Le même.*

Bataille de Vouillé, gagnée par les Français sur Alaric, roi des Visigoths. Clovis y tua Alaric de sa propre main.

560. CLOTAIRE Ier.

Cramne, fils de ce prince, s'étant ligué avec les Bretons fut défait. ·

594. CLOTAIRE II.

Frédégonde, mère de ce jeune prince, le conduisit elle-même dans les plaines de Braine, près de Soissons, pour y combattre Childebert II, à qui Brunehaut, sa mère, avait inspiré la haine la plus implacable contre Frédégonde; l'armée de Clotaire II défit celle des Austrasiens.

731. THIERRY IV.

Les Arabes, ou Sarrazins, commandés par Abdérame, firent succéder en Espagne leur domination à celle des Visigoths. Ils passent avec quatre cent mille hommes les Pyrénées, et pénètrent jusqu'à Tours où Charles-Martel les défait.

774. CHARLEMAGNE.

Les Lombards, établis en Italie depuis qu'Albouin leur chef y avait été appelé par Narsès, sous l'empire de Justinien, en furent chassés par Charlemagne, qui défit Didier au siége de Pavie.

783. *Le même.*

Bataille gagnée sur les Saxons par Witikind.

850. LOUIS Ier.

Il est renfermé pour la première fois.

16.

834. *Le même.*

Ses trois enfans Lothaire, Louis et Pépin, défont son armée dans une plaine appelée le Champ du Mensonge.

836. *Le même.*

Il combat une troisième fois contre ses enfans.

841. CHARLES II LE CHAUVE.

Bataille de Fontenay, où Lothaire et Pépin, fils de Louis-le-Débonnaire, sont vaincus par Charles-le-Chauve et Louis de Bavière.

884. CHARLES-LE-GROS.

Le siége de Paris par les Normands : le comte Eudes s'y couvre de gloire ; mais on ne peut faire retirer les Barbares qu'à force d'argent.

991. HUGUES CAPET.

Bataille de Laon, entre Hugues Capet et Charles de Lorraine : le premier est vainqueur.

1099. PHILIPPE Ier.

Première croisade. Premier royaume de Jérusalem.

1147. LOUIS VII.

Louis, ayant incendié la ville de Vitry, fit vœu, pour calmer les remords de sa conscience, de marcher contre les infidèles. Saint Bernard prêche cette seconde croisade. Urbain II avait prêché la première.

1187. PHILIPPE-AUGUSTE.

La défaite des chrétiens à la journée de Tibériade. Lusignan résigne le trône de Jérusalem à Saladin.

1189. *Le même.*

Troisième croisade.

1208. *Le même.*

Quatrième croisade.

1204. *Le même.*

Il s'empare, sous Jean-sans-Terre, de la Normandie, qu'il réunit à la couronne, ainsi que la Tourraine, le Maine, le Poitou et l'Anjou.

1214. *Le même.*

Bataille de Bouvines, gagnée par les Français contre la ligue formée entre l'Angleterre, l'Allemagne et la Flandre.

1242. SAINT LOUIS.

Bataille de Taillebourg, gagnée sur Henri III, roi d'Angleterre.

1249. *Le même.*

Cinquième croisade, commencée par la prise de Damiette.

1270. *Le même.*

Sixième et dernière croisade durant laquelle mourut le saint roi.

1282. PHILIPPE III LE HARDI

Massacre des Français en Sicile, appelé vêpres siciliennes : la haine des Napolitains contre les Français gouvernés en Sicile par Charles d'Anjou, frère de saint Louis, y donna lieu.

1302. PHILIPPE IV LE BEL.

Bataille de Courtray , perdue par l'imprudence du comte d'Artois, neveu de saint Louis, contre les Flamands.

1304. *Le même.*

Bataille de Mons en Puelle; elle fut gagnée sur les Français par les Flamands.

1308. PHILIPPE DE VALOIS.

Bataille de Cassel contre les Flamands qui la perdirent.

1314. *Le même.*

Bataille de l'Écluse entre les Français et la flotte anglaise, sous Édouard III, qui fut vainqueur.

1346. *Le même.*

Bataille de Crécy contre les Anglais, commandés par Édouard III : le prince de Galles eut beaucoup de part à la victoire.

1347. *Le même.*

Prise de Calais par Édouard III.

1356. JEAN II.

Bataille de Poitiers entre la France et l'Angleterre.

1360. *Le même.*

Traité de Bretigny, parlequel le roi Jean renonce à toutes ses prétentions sur la Guyenne, et Édouard, de son côté à celles qu'il avait sur la France et la Normandie.

1382. CHARLES VI.

Bataille de Bosdéa, remportée par les Français sur les Flamands ; le duc de Bourgogne s'y couvrit de gloire. Artevell, chef des ennemis, y fut tué.

1415. *Le même.*

Bataille d'Azincourt, gagnée sur les Français par Henri V, roi d'Angleterre.

1423. CHARLES VII.

Bataille de Crévant, gagnée par les Anglais.

1424. *Le même.*

Bataille de Verneuil : le parti du roi est abattu par celui du duc de Bedfort.

1429. *Le même.*

Jeanne d'Arc force les Anglais à lever le siége d'Orléans

1450. *Le même.*

Bataille de Fourmigny : les Anglais y sont défaits.

1465. LOUIS XI.

Traité de Conflans qui met fin à la ligue du bien public, c'est-à-dire à la coalition formée contre le roi par son frère, le duc de Berry, par les ducs de Bourbon, de Bretagne, et par le comte de Charolais ; la bataille de Monthléry précéda le traité.

1489. CHARLES VIII.

Bataille de Saint-Aubin, où le duc d'Orléans est fait prisonnier.

1495. *Le même.*

Bataille de Fornoue, gagnée en une heure contre les Vénitiens, qui, bien supérieurs en nombre, abandonnèrent une victoire assurée, pour piller quelques bagages abandonnés par les Français.

1503. LOUIS XII.

Bataille de Cérignoles : le duc de Nemours y fut tué, (en lui finit la branche d'Armagnac, descendant de Caribert).

1509. *Le même.*

Ligue de Cambray, conclue contre les Vénitiens, entre le pape Jules II, l'empereur Maximilien, le roi d'Espagne, le cardinal d'Amboise, et Marguerite, gouvernante des Pays-Bas.

1409. *Le même.*

Bataille d'Aignatel, gagnée par le roi contre les Vénitiens.

1512. *Le même.*

Siége de Ravennes : bataille du même nom, gagnée le jour de Pâques par Gaston de Foy, duc de Nemours; il y fut tué.

1513. *Le même.*

Bataille de Guinegate, où les Français furent défaits en combattant contre les Impériaux, les Suisses et les Anglais.

1515. FRANÇOIS Ier.

Bataille de Marignan, gagnée par les Français sur les Suisses.

1523. *Le même.*

Bataille de Rébec, dans le Milanais, perdue par les Français.

1525. *Le même.*

Bataille de Pavie, contre les Impériaux. François Ier y fut fait prisonnier.

1544. *Le même.*

Bataille de Cérisoles, gagnée par le duc d'Enghien sur les Impériaux.

1557. HENRI II.

Bataille de Saint-Quentin, perdue par les Français. L'amiral de Coligny défendait la garnison ; mais elle fut trop faible pour triompher des forces d'Emmanuel, duc de Savoie.

1558. *Le même.*

Prise de Calais, dont les Anglais sont chassés.

1560. FRANÇOIS II.

Conjuration d'Amboise, ainsi nommée du lieu où les princes formèrent le projet d'assassiner les Guises, c'est-à-dire le parti catholique. Elle échoua.

1561. CHARLES IX.

Colloque de Poissy, où la reine-mère, Catherine de Médicis, cède aux instances des huguenots.

1562. *Le même.*

Bataille de Dreux, gagnée par les Guises sur les huguenots.

1567. *Le même.*

Bataille de Saint-Denis entre les deux partis. Les calvinistes ont l'avantage.

1569. *Le même.*

Bataille de Jarnac et de Moncontour entre les deux partis. Celui des catholiques triomphe.

1572. *Le même.*

Massacre de la Saint-Barthélemy.

1579. HENRI III.

Paix de Nérac.

1586. *Le même.*

Guerre des trois Henri : Henri III, Henri, roi de Navarre, et Henri, duc de Guise. Le premier à la tête des royalistes, le second à la tête des huguenots, et le troisième, chef de la ligue.

1587. *Le même.*

Bataille de Coutras en Guyenne. Le roi de Navarre est vainqueur; le duc de Joyeuse y est tué.

1588. *Le même.*

Journée des Barricades. Les troupes du roi sont forcées par celles des factieux, que commandait le duc de Guise.

1589. HENRI IV.

Bataille d'Arques, gagnée par le roi sur les ligueurs, que commmandait le duc de Mayenne.

1590. *Le même.*

Bataille d'Ivry. Le roi y est encore vainqueur du duc de Mayenne.

1595. *Le même.*

Bataille de Fontaine-Française, où Henri s'étant exposé témérairement, vit fuir devant lui dix-huit mille hommes commandés par le duc de Mayenne. Après cette journée, Henri IV écrivit à sa sœur : « Peu s'en est fallu que vous n'ayez été mon héritière. »

1597. *Le même.*

Prise d'Amiens sur les Espagnols.

1598. *Le même.*

Paix de Vervins, conclue entre le roi de France et Philippe II, roi d'Espagne.

1616. LOUIS XIII.

Traité de Loudun, conclu entre la reine Marie de Médicis et le prince de Condé, chef des mécontens.

1620. *Le même.*

Bataille de Prague, dans laquelle l'électeur Palatin est défait par Maximilien, chef de la ligue catholique.

1628. *Le même.*

Prise de La Rochelle par les catholiques.

1629. *Le même.*

Bataille du Pas-de-Suze, gagnée par l'armée française, que commandait Louis XIII contre le duc de Savoie.

1643. LOUIS XIV.

Bataille de Rocroy, gagnée par le duc d'Enghien sur les Espagnols.

1644. *Le même.*

Les trois journées de Fribourg.

1648. *Le même.*

Traité de Westphalie, qui valut à la France l'Alsace et d'autres domaines.

1654. *Le même.*

Siége de Stenay, où combat le roi, et où il est vainqueur.

1659. *Le même.*

Paix des Pyrénées.

1664. *Le même.*

Les Allemands, commandés par Montécuculli, secondés de six mille Français, à la tête desquels était Coligny, défont les Turcs au combat de Saint-Godard.

1667. *Le même.*

Conquête de la Flandre par le roi, secondé de Turenne.

1668. *Le même.*

Conquête de la Franche-Comté, faite par le roi.

1668. *Le même.*

Traité de la triple alliance entre l'Angleterre, la Suède et la Hollande, jalouses de la puissance du monarque français.

1672. *Le même.*

Conquête de la Hollande en l'espace de trois mois. Le maréchal de Turenne et le prince de Condé firent des prodiges dans cette campagne.

1677. *Le même.*

Bataille de Cassel, gagnée par Monsieur, frère du roi, sur le prince d'Orange.

1690. *Le même.*

Bataille de Fleurus, gagnée par le maréchal de Luxembourg sur les Hollandais, que commandait le prince de Valdec.

1704. *Le même.*

Bataille d'Hochstet, perdue par les Français, contre le duc de Marlborough, et le prince Eugène de Bavière.

1704. *Le même.*

Bataille d'Almanza, gagnée par le duc de Berwik.

1710. *Le même.*

Bataille de Villa-Vitiosa, gagnée par le duc de Vendôme sur Haremberg; elle fixe la destinée de Philippe V.

1712. *Le même.*

Siége et prise de la ville de Denain par le maréchal de Villars.

1713. *Le même.*

Prise de Landau.

1714. *Le même*

Traité de Rastald : les choses devaient rester dans le même état pour l'Allemagne qu'au traité fait à Riswick.

1733. LOUIS XV.

Prise de Milan par le maréchal de Villars, alors âgé de quatre-vingt-deux ans.

1734. *Le même.*

Bataille de Parme et de Guastalla.

1744. *Le même.*

Prise de Menin, d'Ypres, de Courtray, ainsi que de Fribourg, par Louis XV.

1745. *Le même.*

Bataille de Fontenay dans les Pays-Bas ; ce fut la première qu'un roi eût gagnée en personne, sur les Anglais depuis saint Louis.

1746. *Le même.*

Bataille de Raucoux, gagnée sur les Hollandais.

1747. *Le même.*

Bataille de Laufeld en Belgique, gagnée sur les alliés par le maréchal de Saxe.

1756. *Le même.*

Prise de Port-Mahon par le duc de Richelieu.

1757. *Le même.*

Bataille de Rosback, gagnée sur les Français par les Prussiens.

1758. *Le même.*

Bataille de Crevelt, gagnée sur les Français par le duc de Brunswick.

1760. *Le même.*

Bataille de Landshut, perdue par le général Fouquet contre les Autrichiens, commandés par le vaillant Landon.

1763. *Le même.*

Traité de Paris, qui enrichit considérablement les Anglais en Amérique et en Afrique.

1778. **LOUIS XVI.**

Prise de la Dominique, de Saint-Vincent et de la Grenade sur les Anglais.

1779. *Le même.*

Prise de Tabago.

FIN.

9 782329 014715